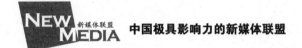

新媒体联盟 **NEW MEDIA** **中国极具影响力的新媒体联盟**

重新定义品牌

——移动互联网时代下的品牌变革

袁国宝 著

经济管理出版社
ECONOMY & MANAGEMENT PUBLISHING HOUSE

图书在版编目（CIP）数据

重新定义品牌——移动互联网时代下的品牌变革/袁国宝著 . —北京：经济管理出版社，2017.7
ISBN 978 - 7 - 5096 - 5234 - 3

Ⅰ.①重… Ⅱ.①袁… Ⅲ.①互联网络—应用—品牌战略—研究 Ⅳ.①F272.3 - 39

中国版本图书馆 CIP 数据核字（2017）第 170064 号

组稿编辑：张　艳
责任编辑：张莉琼　张　艳
责任印制：黄章平
责任校对：董杉珊

出版发行：经济管理出版社
　　　　　（北京市海淀区北蜂窝 8 号中雅大厦 A 座 11 层　100038）
网　　址：www. E - mp. com. cn
电　　话：（010）51915602
印　　刷：北京银祥印刷有限公司
经　　销：新华书店
开　　本：720mm × 1000mm/16
印　　张：13.75
字　　数：167 千字
版　　次：2017 年 9 月第 1 版　2017 年 9 月第 1 次印刷
书　　号：ISBN 978 - 7 - 5096 - 5234 - 3
定　　价：42.00 元

前　言

前浪未落，后浪已来——移动互联网时代的品牌突围

如今，移动互联网的发展已经超出了人们的想象，人们获取信息的方式跟过去已经有了很大的不同。阅读时间碎片化，用户喜好多样化，传统品牌打造模式已经无法满足受众对品牌的诉求。如何有效地进行品牌变革，是品牌快速突围、把握市场走势的关键。

移动互联网深刻地改变着品牌的生态环境，在大变革浪潮的侵袭下，企业品牌建设面对的不仅是顾客、品牌经理人，而成为企业战略的重要组成部分。

据国际市场调研机构 eMarketer 公布的最新数据显示：2016 年全球使用智能手机的人数超过 20 亿，2018 年智能手机使用人数有望达到 25.6 亿。其中，大部分新增的智能手机使用者来自中国大陆，2018 年可能会超过 7 亿人，消费主力及创造生力军人数庞大。

移动互联网早已融到人们的点滴生活，其独特的优势让众多企业品牌纷纷布局移动互联网。可是，究竟如何打造品牌？实际效果如何？结果就迥异不同了。只有企业亲身经历一下，才能品出个中滋味。

很多企业虽然也赶上了移动互联网的潮流，但采用传统的理念运营推广，依然是治标不治本；有些中小企业对移动互联网认识不清，认为它比较虚幻……结果，自己刚刚飞起来，还没飞出多远，就被狠狠摔下来，折断了翅膀。

经过几年的沉淀和积累，现在的移动互联网市场比以往更理性、更健康，商业化价值日益凸显，盈利模式初见端倪。相较于传统的品牌创新，移动互联网对品牌的推广和宣传，更有着广阔的发展空间。

移动互联网环境下，所有的品牌都在发生剧变。移动营销作为一个新的营销渠道，正在以超乎寻常的速度颠覆着人们的生活及品牌运营，是所有品牌主不得不关注的营销渠道。

任何人都无法忽略移动互联网，任何人都无法否认当今移动互联网是继传统移动互联网之后的又一座金矿，品牌如何才能成功掘到金子？无疑是巨大的挑战。微信、移动 APP 等都是目前品牌拥抱移动互联网的热门方式。未来十年，移动互联网必然会成为中国品牌高速发展的催化剂。

目　录

第一章

移动互联网时代下，如何重新定义品牌

第一节　从 PC 时代到移动时代，品牌塑造面临的挑战

一、品牌信息传递：内容、渠道、手段合一

移动互联网时代，相信很多人都听说过"凤姐"，听说过"国民老公"王思聪……这些名字的出现，带来的是影响力的扩大。可是，即使这样也不要一厢情愿地认为，是品牌传递的春天到了。移动互联网时代，一半是海水，一半是火焰，当上面的这些"网红"都在大搞宣传的时候，众多其他品牌企业却在经历"寒冬"，经营状况怎一个"惨淡"了得。

随着移动互联网的到来，传统的营销方式被重新演绎，只要带来流量和销量，才是有效的营销手段。众多广告主的广告投放偏好，已经将这一点暴露无遗。2015 年，各大媒体的广告投放情况显示：在报纸、电视、杂志广告等投放比例持续下滑的情况下，影院视频贴片广告增长 63.8%、移动互联网广告增长 22%、楼宇视频广告增长 17.1%。

移动互联网时代，对品牌营销传播影响最大的就是信息传递思维与理念的变化，这个时代更加注重内容、渠道和手段的整合。

在移动互联网时代，渠道、信息、时间等呈现出碎片化趋势，对于企业品牌来说，得到的注意力正在被不断分散，品牌影响力逐渐被瓦解，如果想成功实现营销策略、推广战略的转型，就要从渠道、内容、手段等方面各个

击破。

（一）渠道——拓展移动端推广渠道。移动互联网改变了信息的获取与连接方式，品牌企业必须从传统的网络营销中挣脱出来，开拓更多的推广渠道。在过去的经营中，很多企业都积累了大量的 PC 端推广经验，对于移动端则感到异常陌生。为了提高推广效果，完全可以与专业的第三方网络推广平台进行合作，拓展移动端的推广渠道，实现全网覆盖式推广。

以国内知名的网络品牌推广平台"品牌宝"为例，除了能够提供搜狗浏览器、腾讯浏览器等 PC 端展示渠道外，还覆盖了搜狗号码通、腾讯手机QQ、腾讯手机管家、手机 QQ 浏览器等移动端平台，可以有效提升网站流量、促进交易转化。

（二）内容——利用大数据制定精准策略。如今，产品的时代已经结束，如果想将自己的品牌信息传递出去，就要尽早关注用户需求的变化。移动互联网下，用户的状态是多平台跳跃式活动的。尤其是在社交媒体上，用户快速浏览和分享信息，所产生的动作是用户的偏好与行为显性的表现。企业要借助大数据工具去挖掘、清洗、去重，最后整理形成用户的行为数据模型，快速分析用户的网络行为习惯和偏好，为品牌营销提供精准决策依据。

（三）手段——注重社交媒体中的口碑传播。传统的口碑传播场景，比如理发店、餐厅等，不仅传播速度慢，而且容易断裂。而在 QQ、微博、微信等社交媒体平台中，人和人之间的信息连接非常扁平，信息传播速度暴增。信息传播的变化也意味着用户习惯的变化，大家已经非常习惯通过社交媒体把自己的消费体验分享出来。

不懂利用社交媒体这种低价高效传播的营销方式，就会失去一条与用户最直接的沟通渠道。资料显示，经过品牌宝官网验证的网站，链接在用户通过 QQ 传播的过程中，可以进行加 V 展示，一键即可打开、收藏、分享，不会因点击流程烦琐而丢失流量；同时，"官方认证放心访问"的提示还能有效避免因用户担心网站风险问题而拒绝访问的现象。

移动互联网的蓬勃发展和宏伟蓝图，给企业提供了一个无限的发展空间。可是，要想在移动互联网浪潮中生存下来，要想百尺竿头更进一步，就要紧抓用户需求、积极塑造品牌、努力营造口碑。

二、用户主权与消费者主权

消费者主权的崛起是一个结果而不是原因，主要得益于社交网络的普及，这也使得消费者交流起来更加容易。

从工业社会、信息社会到移动互联网社会，消费者一直是所有经济活动的原点，他们才是真正的主角，企业想要发展，想要品牌受欢迎，就必须倾听消费者的声音。移动互联的出现，让我们从零售商霸权的时代进入到一个新时代，这就是消费者主权时代。

消费者主权时代很重要的特征是"我的消费，我做主"。如今社会，没被推销短信骚扰过的消费者少之又少，没有被塞过 DM 传单的用户更是几乎不存在……同时，哪个品牌零售商不会往邮件里塞满一大堆的垃圾广告？用"消费者主权"来看，这样的行为都是对消费者的不尊重。

移动互联网时代，消费者渐渐觉醒，"我的消费，我做主"。消费者觉醒最重要的标志就是"So Lo Mo"（社交、本地和移动）模式下消费群在兴起。如表 1 – 1 所示。

表 1-1　社交消费群、本地消费群和移动消费群

标志	说明
社交消费群	移动互联网时代，消费者的力量不再渺小，借用移动互联网、手机，消费者之间都已经取得了联系，力量逐渐壮大，他们会在饭桌上对各品牌加以评论，他们会对部分品牌表示愤怒，他们的声音在社交媒体上被无限放大。如今，大多数消费者已经不再受到品牌的忽悠。购物时，消费者会先做一番调查，消费者之间即使是不认识、素不相识、远隔千里，也会相互请教，继而形成一种新的力量。这种社交消费群的兴起为我们提出了新的课题
本地消费群	这类人就是我们的邻居、我们的亲朋好友，他们就在我们身边。他们可能是"80后"，也可能是"70后"，他们追求独立自主，有强烈的责任意识，有时又对社会充满质疑，追求心灵的自由。旧的营销手段已经无法吸引他们的注意力，他们感兴趣的是，如何争取更多的观点自由和选择自由
移动消费群	2017 年 4 月，工业和信息化部发布的数据显示，3 月末我国移动电话用户总数达到 13.45 亿户；移动宽带用户（即 3G 和 4G 用户）总数达到 9.97 亿户，占移动电话用户的 74.1%……这是一个非常壮观的移动消费群体，对各品牌来说都是很好的机会

如今，消费者已经从无知到见多识广，消费者在消费过程中发生了三大变化：

第一个变化，他们是全天候消费者。从时间来看，现在的消费者希望随时都能买到他想买的东西。比如，淘宝的 12 大消费群体中，最大的消费群体是"夜淘族"，他们在 0~5 点下单。此外，移动互联网加剧了购物时间的碎片化，购物时间从定期转变为随时。大量的消费者都在利用碎片时间购物，定期到百货店、超市购物的人开始减少。

第二个变化，他们是全渠道的消费者。从空间来看，现在的消费者充斥在社会的各个角落。他们希望不管在哪里，随时都可以买到自己想买的东西，如在上班的路上，在马桶上，在床上，在旅行的途中，都能够通过自己的手机或移动终端进入移动商店。他们在店里，如果碰到缺货，可以访问店内的数字货架。消费者不再满足于一个或两个渠道，他们希望进入全渠道。

第三个变化，他们是个性化的消费者。从需求来看，消费者的需求发生了根本改变，他们越来越追求个性化，越来越追求自己消费、自己做主，这是一个新的改变。如今，消费者个性化的消费主张，正在数字化浪潮中得到尊重。

三、消费升级背景下新中产阶级对品牌价值的依赖

通常，消费者都会用"喜欢"来表达自己对某种消费品的热爱。在消费者决策的理性判断方式中，消费者被看成是理性的，消费者的满足程度与其对产品、商品的期望有着密切的关系。如果消费者购买商品后觉得与自己先前的期望是一样的，就会觉得比较满意；但当消费者购买商品后发现与自己的预想有较大差距时，就会产生不满意。

随着经济社会的不断发展，企业商品品种的不断扩展，高新技术的不断更新，各企业产品的适用性、功能性、经济性等越来越趋于相同，同时带来的是用户对产品满足程度的相同。因此在移动互联时代，企业争夺顾客的重点不再是产品满意度的提高，而是产品情感依附的增加。

顾客对品牌产品的情感投入和依恋，是产品在竞争激烈的市场获得成功的关键，是衡量顾客对企业品牌忠诚度高低的一个重要参照。

消费升级的核心不是消费品的升级，而是消费者价值观的升级，即消费是为了拥有更多财富、物质、资源，是为了成为理想中最好的自己。正是因为这个原因，有的品牌广告即使用了全新的创意、流行的表达、精美的画面，依然无法提起消费者的购买欲望。最重要的原因是顾客的消费价值观变了，而品牌的价值主张却无法符合价值需求。

移动互联时代，消费者的消费观、消费行为究竟发生了哪些转变？

（一）从价格敏感到品质敏感。当今社会，因为质量问题被曝光的品牌每年都有，而消费者对物品质量的要求却越来越高，过去靠廉价制胜的法宝逐渐失灵。所以，在新消费观中，消费者的消费决策天平的支点会偏移，由价格敏感变化为品质敏感。也就是说，品质的微小提升便可以平衡较高的价格，产品品质成为购买决策的最重要指标。

如今，国外代购、海淘十分流行，进口消费品猛增，难道我们国家没有这些消费品吗？现有国内产品的品质满足不了内需吗？其实，大部分我们都会制造和生产，就是品质差点，而这点在消费者的眼里看来差距就大了。

（二）从追求稀缺到追求体验。过去，购买了名牌包包后，顾客会非常享受"稀缺商品"带来的尊贵感，而获取稀缺资源极大地满足了短缺环境下的旧消费观念"拥有更多"。这种环境下，什么商品都供不应求，都要排队去抢购。但是，面对新消费观念"成为理想自我"，一个产品让消费者拥有感觉良好的体验，帮助消费者更加接近理想自我，远比这个产品是否稀缺来得更有吸引力。

在美国，哈雷牌摩托车深受年轻消费者的青睐，不是因为这款车能给人们带来多大的尊贵感，而是因为这款车娱乐配置齐全、气流平顺、乘坐空间充足、座椅舒适、手控制件符合人体工学，这些细致的地方可以让消费者的旅途体验变得舒适安逸。哈雷牌摩托车的很多车主会将车的标志纹在自己的胳膊上或其他部位，每个周末都会去全国参加各种竞赛。这些消费者之所以忠诚于哈雷，主要就在于，他们通过这款车可以感受到强劲的超控体验。

普通的体验，只会让消费者点头微笑；好的体验，会让消费者心情愉悦；极致的体验，可以让消费者点头称是，而最后，才有可能引爆流行。移动互联时代，消费升级，并不是奢侈品消费的增加，而是品牌体验消费的增加。

（三）从财富区隔到能力区隔。通常，人们的消费清单中一定会有社交属性的商品，不论是服装、汽车，还是手机。但是在新消费价值观下，相同的商品却呈现出完全不同的意义。比如，同样是 GUCCI，旧消费观"拥有更多"的消费者在意的是它不菲的价位，购买 GUCCI 意味着使用者的消费能力和财富。在新消费观下的身份区隔，更多的是以能力区隔，而不是财富，从"买得起"变成了"玩得转"。对于奢侈品牌，年轻人更会认同品牌价值而非拥有品牌下的产品。移动互联时代，在消费者价值观的升级下，价值、能力超过了奢华和地位。

（四）从注重实用到追求精神。当下消费升级，消费者不会为柴米油盐酱醋茶付高价，但是会为琴棋书画诗酒茶付高价。因为后者迎合了消费者价值观的升级，在他们看来，"琴棋书画诗酒茶"，是有情怀有故事的，更能满足他们的精神享受。

现在很多年轻人愿意付费读书，注重的并不是所学的知识能否让他们升职加薪、谋取前途，而是能否让他们升级自我认知、满足精神需求。前两年，《罗辑思维》推出的产品"得到"，提倡碎片化学习方式，用户短时间内就可以获得有效的知识、扩展认知、终身成长，深受大部分上班族的青睐。

总之，移动互联时代是消费者价值观为重的消费升级时代。在这个过程中，品牌的意义和价值不再单纯地依赖品牌的历史，也不依赖于某个公司和品牌的手册和广告，而是用户体验与认知的累积。虽然中国作为世界上最大的消费市场，旧消费观依旧存在，但是在新消费价值观催生的新消费环境下，粗暴的品牌标签必然会逐渐失效，而那些深耕细致、匠心独具的品牌商，才会获得巨大而广阔的成长空间。

四、前移动互联网时代、PC 时代和移动时代品牌建设策略的差异

品牌是一种无形资产。有了品牌，就有了知名度，公司才会更有凝聚力、扩散力以及发展的动力。企业是城市经济的细胞，品牌是带动城市经济的动力。要想明白移动互联时代下品牌变革的挑战，必然要知道前移动互联网时代、PC 时代和移动互联时代品牌建设策略的差异。

（一）前移动互联网时代的品牌建设。前移动互联网时代，品牌建设主要体现在这样几个方面：

1. 品牌规划到战略中去。前移动互联网时代，企业在做战略规划时，会将品牌塑造与企业宗旨有效地有结合起来。企业达到什么阶段，应该让用户对品牌有什么样的认知，品牌的宣传范围应该有多广；当企业达到下一阶段时，又应该如何将品牌树立与企业的发展相结合。

2. 媒体是品牌的传播载体。媒体本来应该担负起社会责任，可是在前移动互联网时代，谁付费就给谁做宣传，完全没有考虑到自己所承担的社会责任。媒体这种不负责任的心理为某些企业品牌迅速成长提供了契机，通过赞助某项活动或举办什么评选，品牌就可以在一定的时间里扩大影响力，提高销售利润。他们把媒体当作塑造品牌的全部，完全没有考虑到品牌自身所蕴含的内在品质。因此，当前企业应多挖掘品牌自身的内在品质，明确媒体只是品牌的传播载体。

3. 让品牌融入到员工中去。前移动互联网时代，常会见到这样的现象：一方面企业大力向消费者宣传自己的品牌概念，另一方面企业员工却无法解释自己的品牌究竟是什么。比如 BMW，一谈到它，很多人都会联想到豪华轿车，它是身份的象征。但是，能够说出 BMW 含义的员工却很少，更别说它

的来历、公司发展计划和品牌概念了。

4. 品牌建设是一个过程。品牌不是短时间能够累积起来的，需要经过一个循序渐进的过程。品牌是一种错综复杂的象征，是品牌属性、名称、包装、价格、历史、声誉、广告方式的无形总和；同时，品牌也因消费者对其使用的印象，以及自身的经验而有所界定。因此前移动互联网时代，品牌的建设时期，需要经历品牌定位、品牌架构、品牌推广、品牌识别、品牌延伸、品牌资产等几个过程。

5. 多品牌战略的发展。品牌是由厂家创造出来，再灌输给市场，让市场接受，但最终还是要消费者认可。前移动互联网时代，消费者的观点在变，风格在变，企业单纯依靠一个品牌很难获得长期发展。从宝洁公司到可口可乐，可以看出多品牌发展战略的重要性。企业只有充分了解消费者的心理需要，把握好他们的消费动机、购买需求、行为分析等，才能建立多品牌的战略规划。

6. 注重品牌管理。前移动互联网时代，在产品不断推陈出新的过程中，企业会保持产品的理念和风格的一致性，不会偏离轨道。在企业运行的过程中，任何一个环节都会传递出一致性，保持和维护品牌的完整，这也是品牌管理工作的重要使命和意义所在。

（二）PC 时代的品牌建设。移动互联网时代，如何建设品牌？关键有这样几点：

1. 了解移动互联网时代的人。移动互联网时代的人是怎么样的，怎么才能吸引到他们关注并选择你，这一点至关重要。移动互联网时代的人，大多数都喜欢吃喝玩乐，喜欢享受，针对这一特征，各品牌都在积极改进对消费者的营销策略。

2. 找到品牌的用户。了解到移动互联网的人的特性后，各品牌都会在庞大的消费者群体中找到自己的用户定位，从自己的品牌角度出发，找到自己针对的群体；之后，从产品年龄、偏好需求方面入手，发现目标用户，并建立持久战场。

3. 让品牌与用户发生联系。经过细致的剖析与挖掘，就会对用户多一些了解。当品牌找到自己的用户后，就会将用户的特征、追求、习惯等进行更为细致的剖析与挖掘，找到他们的喜好。品牌的功能性价值主要体现在产品上，如果不能满足用户需求，品牌就不会成功。移动互联网时代用户的消费特点是简单、方便、快捷、实惠。效益好的品牌都会满足这些，并在目标用户的分析上继续优化自己的产品。

4. 让用户产生情感共鸣。前移动互联网时代，建设品牌时，企业会时刻保持清晰的理论。因为他们知道，建设品牌的过程就是让自己的产品更好卖的过程。企业会跟用户产生情感共鸣，激发用户的购买需求；同时让用户对自己的品牌一见钟情，创造更多的购买机会。

（三）移动互联时代的品牌建设。企业建设品牌的过程其实就是经营消费者的过程，在移动互联网时代，建设品牌和经营消费者已经融为一体。企业如何通过经营消费者来建设品牌呢？笔者认为有两个关键点：

第一是连接，即企业与消费者建立连接关系、消费者与消费者建立连接关系。移动互联技术的发展，让"人与人、人与物、人与信息"的交流沟通变得更加轻松便捷，使"企业与消费者"和"消费者与消费者"之间的构建更加紧密。移动互联网时代，志同道合的人更容易聚集在一起，从而形成社群，以微信、微博等为代表的社交网络对品牌的宣传影响重大。连接的过程就是同类相吸的过程，是以相同的价值观、兴趣形成的品牌社群。移动互联网时代本身就是一个创造、吸引、培养、经营社群的时代，企业必须有强大的聚合力，能够将大量的消费者融入社群，为建设品牌奠定基础。

第二是经营。企业需要依托社群持续经营消费者，让消费者积极参与，共建价值，使消费者变为忠诚用户，最终成为粉丝，成为品牌的永久支持者，为品牌的发展持续地增加动力。移动互联网时代，品牌建设必须以社群为阵地，面向大众的传播的效果越来越不及社群。基于"地理的市场"在移动互联网时代，已经变成了一个论坛、一个微信群、一个 QQ 群、一个围绕个体及其共同创造体验而形成的社群。

企业经营自己的社群需要把握两个方面：一方面是因时、因地、因人，选择或创建与品牌个性相匹配的平台；另一方面是深耕内容，制造有价值的传播内容，培养社群"意见领袖"。即培养铁杆消费者，让其发自内心地进行传播，相互影响。

如果说移动互联网是一座宝藏，品牌则是开采金矿的工具。强势品牌具有强大的势能，帮助企业获得长久发展。

第二节　移动互联网时代，重新定义品牌的必要性

一、有助于产品增值

移动互联网的出现，让品牌的生产效率大大提高，同时也有效促进了品牌的增值。比如，为品牌提供延伸服务，消费者就会获得最佳的消费体验，

注意力自然就会被吸引过来。

百雀羚创立于 1931 年，是国内比较知名的有着悠久历史的化妆品厂商。在笔者年少的时候，记得百雀羚的小铁盒包装，总是放在乡里供销社商店柜台最显眼的位置。不过，随着时代的变迁、经济的发展，如今当我们再去逛超市的时候，已经找不到它的踪影。也许不经意间会偶尔在一些商场超市的货架底下发现这个被搁置的商品，但大多数情况下都是被人遗忘的。

为了改变这个局面，百雀羚从机制、营销、理念创新上进行了一系列的改进，最重要的是实现了产品的不断迭代、不断创新。百雀羚于 2000 年推出了止痒润肤露全新升级款；2001 年联合了美国的迪士尼公司推出一款儿童护理产品——小百羚；2004 年，推出了全新儿童护理产品"迪士尼"系列，得到了家长的一致好评；之后，又推出了五行草本系列，还修改了配方，把油腻的香味改成年轻消费者喜欢的清爽型香味，从原来比较单一的品种扩张到经典系列、水嫩系列、草本系列等多个系列上百个品种。

继与《中国新歌声》、《快乐大本营》等深受年轻人喜爱的节目合作后，百雀羚还进一步转战电视剧。2016 年根据目标受众的收视习惯，百雀羚以独家冠名爱奇艺《幻城》的方式开启了新一轮的品牌打造。

借势《幻城》剧集 IP 及爱奇艺平台 IP 的双重助力，百雀羚在品牌年轻化的道路上走得越来越远。

不可否认，百雀羚正是因为对自己的品牌做了新的定位，才能打破之前的僵局，让自己的品牌在激烈的市场竞争中占了一席之地，把经济效益最大化。

品牌的灵魂是品牌的核心价值。品牌的核心价值可以分为三种：情感性利益、功能性利益以及表现性利益，这三种核心价值，分别属于战略单品的物质性功能价值与虚拟性附加价值。其中，战略单品物质价值指的是产品品类价值；附加价值指的是精神性以及情感性价值。

移动互联网时代，市场竞争变得更加激烈。原来，许多产品仅仅是在区域市场和同类产品竞争，如今竞争对手已经从全国扩展到全世界。移动互联网把许多原来在小池塘中竞争的"鱼"都赶到了大海中，如今的竞争状况可想而知。

面对激烈竞争以及日益增多的同质化的竞争对手，一个产品如果想在市场上获得成功靠什么？答案很简单：品牌。品牌及品牌所延伸出来的品牌文化是除产品本身的价值之外的最重要的附加值，能够有效增强产品的溢价，让产品在不知不觉中增值。

举例来说，"三只松鼠"是天猫"双11"干果类的销售冠军，为什么它可以比同类产品卖得贵却卖得火爆？是它的干果质量真的比其他同类产品好很多吗？不见得。值得肯定的是，"三只松鼠"公司凭借其多年精心打造的品牌形象及品牌所附带的独特的品牌文化，使它在竞争激烈的干果领域，让自己的产品快速增值，使企业不断做大做强。

数据显示，近几年"双11"天猫上的销量冠军和前几名，都有着非常好的品牌形象。移动互联网时代，品牌依旧是产品增值、提高产品市场竞争力的重要支撑。

二、奠定商品地位的重要保障

移动互联网时代，品牌和消费者的关系更加紧密，一旦消费者认可了某种产品，就会继续购买，成为忠实用户。这时候，品牌商品就会在消费者的心目中打下烙印，其地位很难撼动。

万宝路最开始进入市场的时候，针对的目标群体是女性，它的口味也是专门为女性消费者设计出来的，味道淡而柔和。它的口号是"像五月的天气一样温和"。商品的消费者定位就是女性烟民，从产品的包装设计再到广告宣传，万宝路的关注核心都是女性消费者。

初期，美国吸烟的人数在逐年上升，但是万宝路的销路却一直没有增长。20世纪40年代初，莫里斯公司因为经营业绩上不去，被迫停止生产万宝路香烟。后来，广告大师李奥·贝纳为万宝路做广告策划的时候，脑子里出现一个新的想法，觉得需要做一个重大改变。之后，万宝路的命运也随着这个重大的改变发生了转折。

李奥·贝纳沿用万宝路的品牌名对其进行重新定位，他将万宝路定位为男子汉的香烟，并将它和美国最典型的、最具男子汉气概的西部牛仔形象相关联，受众定位在所有喜爱、欣赏及追求这种气概的消费者。

通过这一重新定位，万宝路树立了自由、野性及冒险的形象，在众多的香烟品牌中别具一格。从20世纪80年代中期到现在，万宝路一直居世界各品牌香烟销量之首，成为全球香烟市场的领导者。

品牌是打造"商品地位"的重要手段。一个被大众喜欢的品牌，不仅可以让产品增值，还能大大增强产品在消费者心中的知名度与美誉度，把自己的产品打造成地位商品。

所谓地位商品，其实就是指这个产品在行业内一种地位的象征，购买或消费后能给消费者带来高人一等的感觉。只有成为地位商品，才能在竞争残酷的市场中脱颖而出，成为王者。而地位商品的形成或打造，离不开品牌的保障。

之前有一则新闻在网上引起热议：央视一位"90后"女主播在播新闻

时，手上戴了最新款的苹果手表，不少网友眼尖地认出这款手表是土豪金版苹果手表，价值 12 万元，网友们纷纷评论。

先不说这个女主播是不是在"炫富"，是不是违反了央视主持人出镜的规定，单说为什么一块手表可以引发网友如此高的关注度？很重要的一个原因是苹果品牌极强的知名度。苹果品牌有着极强的整体可见性及识别性，所以许多人只要看一眼苹果系列产品的外包装，就知道这是什么时候出的苹果、属于哪个系列、哪种型号、值多少钱等。

不仅是苹果，许多地位商品如宾利汽车、LV 包、瑞士手表等之所以能够风靡全世界，同样离不开本身品牌的支撑与保障。假如没有品牌，它们也不过是普通的一辆汽车、一个包包或一件衣服而已。

移动互联网时代，许多消费者都开始讲究地位商品给他们带来的心理满足感，而这种满足感，并不是产品本身所能够带来的，从某些方面来说，是品牌的作用力在做支撑。所以，在竞争越来越激烈的网络时代，品牌是打造地位商品的重要保障，必须重视。

三、吸引铁杆粉丝的重要因素

移动互联网时代离不开粉丝经济，难怪有"得粉丝者得天下"的说法。移动互联网时代，产品如果想在竞争中有立足之地，逐渐做大做强，建立一批属于自己的"真爱粉"必不可少。

现在，各种电商、微商如雨后春笋，许多企业也纷纷投身其中，并投入了非常多的人力、物力、财力来搭建与运作，却发现效果并不怎么理想，甚至离自己的目标相差很远，最终电商变为电"伤"，赔了夫人又折兵。失败的原因有很多，但是有一点必须肯定，那就是它们没有充分利用品牌来建立属于自己的"真爱粉"。

前文已经说过，品牌是产品或企业核心价值的一种体现，最终能够带给消费者的是一种心理需求的满足。在网络经济的大环境下，许多人的网上消费都是非理性的，购买产品时追求的是一种心理满足，而非产品本身，这种满足就是品牌发挥其能量的关键。

依旧用苹果来举例，为什么它每出一款产品，不论是手机还是平板电脑都可以在市场上轻松销售几千万台，许多人为了买到产品甚至不惜半夜等在商店的门口排队？因为它通过品牌建立了一批属于自己的"真爱粉"。

乔布斯曾经有一句名言——"不用知道消费者需要什么，我们创造消费者需求"。正是通过不断地创造需求，才让苹果不断带给消费者从没有过的心理、精神满足，培养了大批量的粉丝、积累了数量庞大的"真爱粉"，牢牢把握了市场主导地位。

除了乔布斯，小米手机的创始人雷军同样也对品牌的运营之道十分拿手。作为国产手机的后起之秀，雷军把粉丝定位到年轻消费者的身上，"一切为发烧而生"就是小米的品牌文化，不断刺激并不断地满足年轻消费者的心理，让小米快速积累了百万"真爱粉"。短短四五年时间，就顺利成为一家市值600多亿美元的公司，这简直就是一个奇迹。

苹果与小米的经验告诉我们，在移动互联网的时代，品牌的目的就是建立消费者的忠诚度，培养"真爱粉"，谁忽略品牌，谁就是忽略消费者，毕竟有多少"真爱粉"就有多大的市场。

随着移动互联网时代的来临，传统经济时代的市场法则正不断地发生着变化，但是不管怎么变，移动互联网自始至终都只是一种工具与手段，在竞争激烈的网络经济时代，要想赢得消费者、赢得市场，就必须重视品牌、精心打造品牌，本末倒置，弱化或忽视品牌，都是非常不明智的。

一家企业或一个产品想要在网络经济中顺风顺水，唯有把两者结合起来，重视品牌，并且巧妙地利用移动互联网来为品牌打造知名度，才能取得成功。

四、每个行业都有机会重新定义品牌

我们对品牌的观念必须改变。过去视品牌为一个实物或者一个概念。一个人会跟一个品牌产生关系，但在移动互联网的社交时代里，品牌本身就是关系。各企业可以为一个品牌的特定关系下定义，创造更大的参与感、差异化和忠诚度。

要了解品牌的这种新的心理模式，首先就要看看这个概念如何演变。品牌原本是一种帮助人们进行区别而使用的标志。在美国市场营销协会对于品牌的定义中，仍然看得到"品牌为实物"的模式："名称、术语、设计、符号或其他任何特征，让人能够从其他销售商的商品或服务，区别出自己的商品或服务。"从这个角度来看，品牌是一个应用在产品上的标签。

在接下来的一个浪潮里，品牌从一个特征演变成一个观点，从一个实物演变成一个概念。阿尔·里斯和杰克·特劳特在他们的经典著作《定位》中概述了这个模式。他们将品牌定义为"你在一个潜在客户的脑海里所持有的一个想法或概念"。从这个角度来看，你不是在生产品牌，而是在经营品牌。

最新一个浪潮的重点是"品牌为体验"。塞尔吉奥·齐曼在 *The End of Marketing as We Know It* 中说道："品牌基本上代表了一名顾客使用公司的产品或服务时的整个体验。"你不是在长时间经营一个品牌；你是在那一刻提供一个品牌。

笔者和多家创新型企业合作过，而笔者的经验显示，他们不只是在重新

定义他们品牌的外表、感知和体验。他们也是在重新定义他们与客户之间的关系。

若说排名前三的浪潮是品牌为实物、品牌为概念、品牌为体验的话，下一个浪潮将会是品牌为关系。将"品牌为关系"付诸行动的方式，就是为企业与客户个别的角色与责任下个定义。一般的品牌关系就是供应商/消费者。这是一个单向型、不对称型的简单关系。公司负责提供产品或服务，而顾客负责消费。

品牌创新者往往会创造不同种类的关系。这些企业不是建立单向型、不对称型、交易型的角色，而是建立协作型、互惠型的角色。

举个例子，酒店行业的大多数品牌中，公司所使用的是主人/宾客的角色是一种单向型、不对称型、交易型的关系。而旅游住宿网站爱彼迎已经颠覆了这种模式。爱彼迎的使命是"归属感"，而它在全球范围内培育了一种"邻居/邻居"和"公民/公民"的关系。这是一种互惠型、对称型、协作型的关系。

在出租车与运输行业中，出租车和豪华轿车服务所采取的角色是驾驶员/乘客。这也是一种单向型、不对称型、交易型的关系。优步和来福车在两个层面上引进了新的角色，借此将他们的服务差异化。首先，他们从驾驶员/乘客的角色，转变为朋友/朋友的角色。例如，来福车鼓励乘客"坐在前面"，就像是在接受朋友载他们一程那样。来福车的首席营销官基拉·瓦普勒说："我们原来的口号是'拥有一辆车的朋友'。这不仅帮助我们形容来福车提供的人与人之间的体验，也让我们能将其与其他私家驾驶员的做法区分开来。"

另一种新的品牌角色是企业家/支持者。优步鼓励希望加入公司当驾驶员的人们利用优步"建立自己的业务"。在这两种情况中，公司与客户之间的品牌关系更为互惠，更为个人化。优步的体验营销部主任艾米·弗里德兰德这么形容优步："无论是保持完全灵活的时间，或是赚外快，驾驶员的需求是我们在优步的优先考量。优步这个平台迎合他们的生活方式，而不是他们的生活方式迎合这个平台。"

航空业的创新者也重新定义了他们的品牌角色。像联合航空与达美航空这两个老字号所采用的品牌关系模式是航空公司/乘客。但西南航空选择打破传统，聘请了会唱歌的空服人员，并建立了一种可称为"好玩的朋友"的关系。捷蓝航空在机舱里提供免费零食，也采取了"激励人心"的使命，从而建立了与乘客之间良好的关系。

维珍美国航空选择了另一种方向：创造了一种介于时髦的朋友和派对的主人之间的品牌关系。这样的关系也许就是该家公司被收购一事让许多维珍的顾客那么愤怒的原因之一。正如一位维珍的支持者所说："我认为阿拉斯加（航空公司）比较像是一位友善的阿姨。"而收购就像是有人破坏了这个派对，把大家赶回家那样。

品牌定义关系的概念，也解释了历史悠久的市场领导者为何崛起。美国运通公司将它的行业的关系角色，从发卡机构/持有者，重新定义为俱乐部/会员。迪士尼将游乐园的关系角色从运营商/乘客重新定义为剧组成员/客人。星巴克不但将服务员的角色从侍应生重新定义为咖啡师，还将咖啡馆的角色从餐厅重新定义为社区中心。

那些熟悉品牌原型的人可能看得出许多公司都使用了相似的一些手法。差别在于，在品牌原型当中，重点是品牌的属性。作为一个原型，耐克是一个"英雄"品牌，因为它的焦点就是胜利。但耐克的品牌角色能最恰当地形容为教练/运动员。

移动互联网时代，营销人员在每一个行业中都有机会重新定义品牌的角色。媒体已经有数十年被定义为广播者/观众。卫生保健已被定义为医生/病人。教育已被定义为教师/学生。这些行业中都存在着机会，让人们创造一种以共同创造与协作为基础的关系。

首先需要考虑的是人们目前跟你的品牌所建立的关系。你要从社交的角度回答这个问题。比方说，如果你是一个卫生保健提供者，你拥有的品牌关系可能是医生/病人。现在想想你的行业与其他行业之间的关系。比方说，卫生保健存在着教师/学生（教育）、教练/运动员（激励）与导游/旅客（导航）中的各个层面。要考虑对称的角色，如朋友/朋友、邻居/邻居或共同创始人/共同创始人。

其次是从你想要拥有的那种关系开始反向思考。想想你的产品能带来的价值和好处，再想想哪一些人际关系能够提供相同的好处。比方说，Nest 恒温器会根据你的喜好而自动调节温度，而其烟雾探测器则会在火灾发生时智能地引导你前往安全的地方。Nest 没有采用设备制造商通常使用的制造商/买主的角色。Nest 建立的品牌形象，就是他们会像家人一样细心地保护着你。"我们的概念不是乔治·杰森的'智能家居'，而是想象出一个人性化的家，既能照顾里面的人，也能照顾周围的世界。"Nest 的首席营销官道格·斯维尼说道。

最后是逐渐让自己的品牌角色从单向型、不对称型、交易型的关系，转变为互惠型、对称型、个人化的关系。这些角色将使你的战略叙事效果活灵活现，使它围绕着一个共同的目标。若是以今天的品牌创新者为指导的话，你的企业将会有更大的参与感、差异化和忠诚度。

第三节　重新定义品牌，首先需重新定义消费者

一、消费者中心主义的摧毁性力量

怎样打造"满足更多需求与提供极致体验"的品牌？显而易见，不可能是简单追求产品功能的完美，而要运用自己的智慧，思考怎样建立消费者阵营，怎样运营消费者关系。

自 2010 年转型以来，坚果品牌百草味快速成为电商平台的新宠儿——天猫超市累计销售额的冠军、2016 年京东快消品的销量冠军、京东超级品牌日合作的第一家零食品牌……在走出品牌＋渠道模式的 6 年时间里，销售额增长了 117 倍。

企业发展越大，重新定义就越需要勇气。不久前，京东合作伙伴大会，百草味 CMO 王镜钥提出"重新定义客户服务模式"、"重新定义发展路径"等理念，表示百草味要在产品、内容、营销、服务模式与供应链等方面做出一些重大改变，引领和满足不断变化的消费需求。

从"店铺"到"品牌"，从低价格的休闲零食到高品质高价格的健康零食，从简单产品售卖到与消费者进行情感沟通，从单向传达的传统广告到快节奏娱乐营销——百草味是这样总结自己的探索道路的。

移动互联网时代，找到精确的目标消费者，深刻挖掘他们的喜好，敏锐地让合适的高品质内容与新玩法结合，给消费者带来不同凡响的惊喜体验。

百草味找到了一套适合自己品牌的沟通经验，也给行业带来了新的启发。

"为客户带来惊喜服务体验"，百草味尽管不是首创，却真正打动了消费者。为过生日的消费者寄去礼物和贺卡；给一直关注百草味的微博粉丝寄去新品；接受消费者的建议，甚至会参考他们的建议为他们量身定制产品……系统性的客户服务使这个品牌从单纯的零食售卖商，变成了陪伴客户的伙伴与朋友。

（一）发现消费新秩序。人们为什么需要消费？什么因素驱动消费购买我们的产品？在竞争激烈的时代，想要吸引消费者的眼球，不能再按照过去的规律与路线。消费逻辑在不断刷新，消费秩序在不断新建，思考消费者的角度也必须要顺势改变。

（二）消费群体的精准化。过去，企业经常用地理特征及人口特征等作为细分消费者的标准，但是今天这样的细分明显已经不够准确，消费者融合了不同的兴趣标签、不同的行为偏好、不同的价值，不同年龄的群体都有可能在同一个社群或是消费空间中聚集在一起，也可能因为某个共同兴趣而聚集在一起；消费文化不再把人们隔离，而是相互渗透。

（三）从"清单式消费"模式改变。过去消费者总是喜欢按照惯常的消费逻辑来消费——"清单式消费"，买房、买车、买家电等，许多消费者都是按照生活原定的计划来展开，在这样的消费活动中，满足基本需求是消费的核心驱动力。但是，当今社会物品供给充足甚至过剩，所以，过去的消费模式也在改变。

（四）不仅重视功能，更在意审美。在商品比较稀缺的时代，消费者的选择不多，所以，"功能主义"至上，一个产品能不能满足人们的需要成了消费的核心。但是，当货架上同种类商品琳琅满目的时候，"功能主义"就不再是唯一的驱动，消费者对于审美的需求也变得日益强烈，产品的设计及产品的包装变得越来越重要。所以，移动互联网时代的产品与品牌，"颜值"与"实力"都是不能缺少的。

二、社交革命下的品牌场景和用户体验

移动互联网时代，关注度稀缺，品牌 IP 的打造是商业模式打造的必然选择，是用户需求的自然表达。随着消费的升级，人们对商品功能层面的需求不再是排在最重要的位置，商品消费已经从纯粹的功能消费转化为内心需要与精神体验。打造独有的品牌 IP，增强与消费者之间的情感距离，一定会成为这个时代的趋势。

一直以来，快消品广告投放大多采用大众营销的方式，试图从投放量及覆盖面上抢夺消费者。但是，如今受众越来越分散，在营销中网络传播往往存在高能耗低能效的现象，因此，仍然需要通过大众媒体增加传播率，向聚焦核心消费者及培养饮用习惯转变。

在变革中，我们一定要认识到：核心消费者是谁？核心消费者不是一般大众，而是意见领袖，是新产品/新服务的最初消费者，是具有市场示范与引导作用的"先进消费群体"，是消费的风向标与口碑冠军，是各种圈子里的精英。谁抓住了意见领袖，谁就引领了大众。

脉动把"纤系列"与健身女性建立联系，抓住了女性运动瘦身塑形的需求，量身打造出产品的"纤态度"，比如："脸大不是病，腿粗要人命"、"五月不减肥，六月徒伤悲"、"一白遮百丑，一胖毁所有"等，这些像是口号一样的话语，不仅给了女性幽默的正面激励，获得女性好感，也很好地表达了产品的功能。

在媒体上，脉动迎合女性的审美，用优美清新的花瓣作为原型，用十分直观的方式传递了"女性产品颜值高"的产品形象；而在媒体定位的选择上，脉动则把重点放在女性功能区，比如女更衣室或跳操房、瑜伽室。

脉动与健身女性产生了联系，建立了信任，并在其后 O2O 的派饮活动吸引了近万人来参加，最终实现了脉动畅饮卡的销售转化。

再来看看奢瑞小黑裙。据说，一个只卖奢瑞小黑裙的初创品牌，上线首日就吸引了过万粉丝关注，100 天斩获 17 万粉丝，出售小黑裙大约 4000 条，营业额超过了 200 万元，它是如何做到的？

在奢瑞小黑裙创始人看来，黑色是永远不会褪色的流行，黑色代表了一种优雅、一种神秘、一种力量、一种自信，不论出席什么场合，穿一条小黑裙一定不会出错。不仅这样，任何一条小黑裙的背后都有一个专属的设计师，设计师用创造艺术品的心去打造每条奢瑞小黑裙，保证了奢瑞小黑裙的品质——让每件奢瑞小黑裙都拥有自己的灵魂；让每件奢瑞小黑裙从设计环节开始就有属于自己的故事。

消费者只需要通过"微信支付"就能够在微信公众平台购买一条奢瑞小黑裙，系统还能自动生成这个人专属的二维码，消费者就能成为奢瑞小黑裙的代言人。如果有人扫描购买，平台则会拿出售价的 30% 奖励给推广的人。

移动互联网时代，大数据的盛行，消费者的消费行为非常容易受到购买评价的影响。而奢瑞小黑裙平台的高明地方就在于，每个人都可以积极地传播，消费者不仅是消费者，还可变为销售者。

三、新中产阶级，新消费文化与个性化消费市场

随着科技的进步、社会的发展，我们逐渐从工业生产时代进入移动互联

网时代，消费者逐渐成为中心。传播技术与体验经济的迅猛发展，让品牌更新周期越来越短。

工业社会的逻辑就是规模化，如可口可乐，把产品卖到全世界，因为规模大才能够产生规模经济，这是工业生产的基本规律。但是，移动互联网时代的新型商业的本质是什么？所有的商业模式都必须以"人的更多样的需求"与"更极致快捷的体验"作为中心。

海尔旗下的品牌——统帅正在进行品牌的转型，以最新的品牌形象向业界展示，转型为"轻时尚家电开创者"。其第一次将"轻时尚"的理念引入到家电领域，通过时尚、简约的产品体验，为年轻用户打造了一种舒适、轻松的高品质生活方式，为家电企业的转型做一次成功的示范。

许多家电企业最初都创立于国内家电业起步的时期，当时国内家电需求量比较大，处于家电普及阶段，需求比较低端，消费者特别在意价格的便宜。所以，品牌只要定位在满足普通需求就可以，档次比较低端。但是，这几年随着家电普及逐渐完成，驱动市场发展的主要动力已经逐渐转变为更新需求，低端品牌已经不能满足消费者的需求，转型成为当代不可逆转的趋势。

如今国内家电市场的大环境已经发生了不可想象的变化，转型高端已经成为不可逆转的趋势。统帅品牌与时俱进，在 2016 年 11 月 2 日召开了发布会，重新定义品牌的内涵，进行了品牌的自我革命。

统帅推出"轻时尚"的理念对家电进行重新定义，正是在和用户不断深入的交互过程中，挖掘出了年轻人对家电的真实需求。它的内涵非常清晰，"轻"代表的是受众定位，"时尚"代表的是品牌格调，"开创者"则是品牌角色与行业地位，即外观设计的简约化、家电基础功能的极致化。

移动互联网时代，消费者追求的已经不再是"大众趋同"，而是"小众自我"，消费文化从以内容、兴趣与社交为中心，分解出更多的亚文化，这就是新的消费观念。

这种新的消费文化，不仅是对大众消费文化的分离，也是对大众文化的重新构建，而且许多文化都是先瓦解之后再重新建构的，或者是一边瓦解一边建构。所以，在新消费文化的驱使下，一定要积极寻求个性需求的市场，才能找到新的机会。

四、消费升级背景下的商业模式重塑

移动互联网下，消费者的各类消费支出现了结构升级和层次提高，消费水平在逐渐提高。消费结构的升级转型必然会驱动相关产业的增长，从而引起商业模式的重塑。

2012 年 8 月 21 日，苹果公司市值 6235 亿美元，成为全球市值最高的公司。在这之前，公司的市值记录是微软创下的，1999 年当时的微软市值为 6205.8 亿美元。据资料统计，全球所有上市公司的市值也不过是 77 个苹果公司的市值，这样的记录着实令人感到惊奇。

2003 年初，苹果公司的市值大约是 60 亿美元。一家公司在短短 9 年的时间，市值便增加了 100 多倍，可谓无人能出其右。全球顶尖的财经媒体也充分肯定苹果公司，在《商业周刊》列出的全球最伟大的公司中，苹果公司排名第一，乔布斯也被《哈佛商业评论》评为全球最有影响力的 CEO。

在大量的媒体报道中，很多观察家都将苹果的成功归功于 CEO 乔布斯是个天才。乔布斯的个人魅力的确无与伦比，他的设计天分有目共睹，他的营销技巧让苹果拥有无数的"果粉"。但是，从商业的角度来说，把公司的成功光环放在一个人身上是非常危险的，不论这个人多么有才华。一个企业家

之所以这样伟大，不在于他有多大的魅力，而在于他给企业带来了什么，包括企业的商业模式或企业文化，乔布斯也是如此。乔布斯给苹果公司带来了什么？究竟为什么苹果的市值会如此猛增？

要解答这个疑问，需要先看看 1997～2003 年的这几年，乔布斯在苹果公司做了什么工作。1997 年，乔布斯回到苹果公司，公司岌岌可危，市值不到 40 亿美元。

乔布斯回到苹果做的第一件事，就是重新塑造苹果的设计文化，首先推出了 iMac，树立了苹果电脑"酷品牌"的形象。但是，资本市场对乔布斯的这个举动并不看好，iMac 就像以前的苹果产品一样，属于非典型主流人士所喜欢的，并没有给苹果的市值带来多么深远的影响。

2001 年，乔布斯推出了 iPod，运用 iPod 进入音乐播放器的市场。不过，这一举动也没有受到资本市场的欢迎。因为早在 1998 年，一家名为"钻石多媒体"的公司就推出了数字音乐播放器，比苹果公司早了好几年。2000 年的时候，Best Data 公司推出了一款新颖的产品，这两款产品的性能非常好，不仅可以随身携带，而且外观新颖时尚。苹果公司推出的 iPod，功能也不比这些产品特别。

一直到 2003 年，苹果公司还是仅被非主流用户欣赏的公司。尽管大众都开始逐渐知道苹果，知道苹果的产品不错，但是愿意花钱为这种欣赏"埋单"的人并没多少。苹果公司在资本市场的表现一直平平淡淡，虽然在 2000 年苹果公司的市值一度接近 100 亿美元，当时，正好赶上移动互联网泡沫，2003 年苹果的市值下滑到 60 亿美元，与乔布斯 1997 年再度执掌苹果时并没有进步多少。而从 2003 年 3 月之后，苹果公司的市值开始一路飙升。

苹果公司的成功，不仅在于为新的技术提供了时尚的设计，最重要的是，把新技术与卓越的商业模式完美地结合在一起。苹果真正的创新不是硬件层面的创新，它的过人之处是让数字音乐下载变成一件简单易行的事情。利用"iTunes + iPod"的组合，开创了一个全新的商业模式——将硬件、软件与服务结合在一起。这种创新改变了两个行业——音乐播放器产业与音乐唱片产业，为客户提供了最大的便利。

五、寻找"品牌价值观的消费者"

《2015～2016 中国精众营销发展报告》指出，大众市场在逐渐进入同质化的竞争，移动互联网的进入让大众市场陷入了更为激烈的竞争，用同样的商品与服务去面对中国消费者已经不能够放之四海而皆准，粗放型的经济时代已经过去了，中国正在慢慢走向比细分更精准的多元的精众市场，企业必须要重新定义其消费者，重新寻找更加立体的精众市场与个性化的精众族群，并且分析能够打动消费者的更有深度的社群标签。

假如我们仅仅是按照上述的方式去运作，进行实践，就足够了吗？不够。当我们意识到这些的时候，也许正在错过移动时代，如何定位目标人群？真正应该关注的核心是什么？

迈克尔·所罗门《消费者行为学》一书中，说过这样一句十分经典的话——"把消费者当人看，而不仅仅是消费者的这一身份"。过去，大量的营销实践是建立在把人作为一个群体消费者来对待，而不是把消费者当作一个独立的人来看。

例如，一个正常人的一辈子，对牙刷的深入思考也许不会超过 10 分钟，但是有人却组织过一个超过 10 小时的研究小组，讨论牙刷的使用体验，被邀请来的人当即就自动切换到专家模式、消费者模式，这样的"专家言论"给品牌带来了误导。

比如，广告受众是一般消费者，沟通也常常是围绕着目标消费者，当一个人被品牌认为不太可能成为它的消费者时，我们就会很快把沟通重心转向别人。

锤子手机经营了好几年，拍了两支广告："一个司机的天生骄傲"及"一个菜农的天生骄傲"。罗永浩通过一系列的大数据算法与消费者画像，把锤子手机的目标消费者定位为司机或菜农。

罗永浩真正思考的问题，或许是一个可以认同"天生骄傲"观念的人。如一个学生、一个司机、一个菜农或一个 CEO，反射到他们的具体生活，表现出来的"天生骄傲"是什么样？品牌可以借用这个公式来思考一下，你的品牌的情感价值是什么？然后把它进行代入，例如，不同性别、年龄、职业、身份，认同某一态度的人，他们的表现、他们谈论与关注的话题、人物、品牌会是怎样的呢？

定位你的目标消费者，品牌视野会变得狭隘，只能看到社会中的一小部分人；移动互联网时代如果要谈品牌，首先要谈的是怎样让品牌观念在最广泛的人群中流行起来，带来最广泛的口碑与体验。但是，过去以消费者为导向的营销思维并不能够支撑这些逻辑的正常运转。

移动互联时代，怎么通过数据等方式对你的目标消费者做出正确的定位，不仅要找到消费者、真正的目标，还要包含那些会和我们产生情感共鸣的人。因为，只有他们才会认可我们的品牌观念，他们才是品牌真正要找的"品牌价值观的消费者"。

第四节　如何重新定义品牌价值和粉丝经济

一、粉丝力量是品牌价值赖以生存的根基

移动互联网的出现让粉丝的作用发挥到了极致。对于一个品牌来说，只要拥有众多的忠诚粉丝，其发展也就有了可能；忽视了粉丝的力量，即使品牌产品质量再好、营销手段再佳，也不见得能够生存下去。从这个意义上来说，粉丝确实是品牌价值赖以生存的根基。

李飞是石家庄经济学院的一名大学生，在几个月的时间里，他与他的微信水果店"优鲜水果店"在学院火了一把。

作为一名在校大学生，李飞的创业灵感来自于女友。有一天，他给女友送早餐，脑子里突然冒出一个想法，学院总共有学生 1.7 万名，女生至少有 6000 多名，女生都喜欢吃水果，要通过吃水果来保持好身材或美容，假如每个月每个女生花 50 元来买水果，微信卖水果也很有赚头。之后，他的"优鲜水果店"便开业了。

开业之初，"优鲜水果店"生意并不好做，经常是等上一整天才有一两笔的订单。微信营销的最基础条件是：必须有足够多的好友。为了增加好友，李飞与同学开始"扫楼"：他们印制了很多宣传单、广告册，分发到教学楼、宿舍、食堂；利用课间 10 分钟在各教室播放"优鲜水果店"的宣传短片……

　　三个月时间过去了，"扫楼"产生了效果，"优鲜水果店"的关注人数达到4000多，多为李飞的同学及同学的朋友。为了满足大家的需求，李飞推出了个性产品，他把各类水果搭配在一起，组成的"考研套餐"、"土豪套餐"甚至还有"情侣套餐"，吸引了很多同学的注意力。此外，李飞的公众平台还会时不时地推送天气预报或失物招领等信息来吸引粉丝。

　　如今生意越来越好，"水果哥"李飞也获得越来越大的成功。

　　今天，IP就像舞台上耀眼的明星，可能通过一个游戏、一首歌、一个人物、一部作品在某个领域获得成功，绽放出耀眼的光芒，吸引粉丝的眼球，通过一定的运营方式与沉淀，最终让用户获得归属感。当某个IP推出其他"跨界"产品时，也就有了很好的用户基础。

　　小米手机火了，小米电源、小米盒子也跟着火了，很大程度上带动了粉丝用户的消费。这才是商家真正在乎的东西。在粉丝群中推广，成本非常低，用户对于小米形成了比较高的心理认知度与忠诚度，粉丝经济效应的消费又是不理智的归属感消费，产品价值自然会被成倍放大。

　　移动互联网时代，企业要出售或展示的是人，是代表企业形象的员工及代表企业号召力的粉丝，而不仅仅是产品。企业的核心能力表现在能圈多少粉丝进来，而不是拥有多少基本的资源。

　　2015年7月1日，海尔宣布将招募约3万名创客，到海尔微店平台创业，从那以后，海尔客户数据库中的用户，不再由海尔客服中心维护管理，改为由3万名的微商分别打理。

　　微商的生存空间是微信群与朋友圈。从这方面来讲，海尔的客户关系数据库就能被碎片化为3万个或者更多的群，被3万名微商进行经营打理。每个微商就是一个群主，一个群的发展如何，能不能真正地圈住人，群主才是关键。

建过群的人一般都知道，如果想让自己的群真正活跃起来，并不是一件容易的事情。一个群要真正有价值，最好形成一个部落。

要想将一个群经营好是有难度的，这就决定了一个群的价值：一旦传统企业意识到建立一个群是非常棒的渠道，专职群主就会越来越多。

二、社交行为影响力与消费力一样重要

消费者的社交行为会影响到他们对品牌的选择以及消费水平，在我们大谈粉丝经济的时候，不仅要重视消费者的消费力，更要认真解读消费者的社交行为。

作为综合型的百货商场，天虹商场有让那些移动互联网公司羡慕不已的流量入口，也有移动互联网公司从没有过的烦恼。天虹商场的整套体系拥有400万微信会员、数百万的线下会员与100多万的APP会员，同一个消费者在不同的渠道有着不同的ID，这就给后续提供差异化的会员运营与服务带来了非常大的困扰。

为了解决这一问题，天虹商场把微信支付、微信连Wi-Fi及线下运营活动结合在一起，将线下的实体会员转化为线上的数字会员。很快，天虹商场便在自己的数据平台整合了所有渠道的会员，统一了消费者身份。基于此平台与微信支付，天虹快速实现了粉丝的转化与沉淀，并通过与商业综合体的异业合作，与停车等相关服务关联在了一起，为消费者提供了全流程、全方位的会员识别与权益匹配。

仅用了一年的时间，天虹微信会员数就新增约200万，通过会员互动、微信优惠券、全渠道商品销售等引流转化销售大约有10亿元，节约营销费

1000多万元；同时，两年之后，天虹商场会员转化率提高了10倍，会员月均复购率比传统会员模式提升了大概200%。

消费者的社交影响力与消费力同等重要，如何将"消费身份"和"微信身份"画上等号？微信提供了天然的ID管理，社交身份、会员身份、支付身份都被统一在一个微信ID上，方便商家进行数据管理和会员运营。例如，商家能清楚哪些粉丝是比较活跃的、互动比较多，之后再通过定向发送代金券等形式，有针对性地引导这部分人到店里消费，将其转化为会员。

这样做的影响不仅限于一次活动。过去，商家推出新产品，最后究竟哪些消费者产生了购买行为、消费者的实际产品体验如何，商家都很难知道。如今通过微信ID，商家就能从微信支付的交易订单中快速准确地找到购买者，并邀请他们来参与调研活动；而因为这些数据能够精确到每个区域、每个门店，对商家的销售策略也可以起到一定的修正作用。

微信是一个非常大的社交平台，每个微信用户ID背后的社交行为对商家都十分重要。通过对数据的归纳分析，商家就可以筛选出真正关注品牌、能给品牌带来影响力的粉丝或会员，找到属于自己品牌的真正"传教士"。

粉丝经济，不仅仅是做粉丝。对企业来说，企业掌握着粉丝、门店流量、销售额以及各粉丝购买单价等数据，这些都需要量化整理。

想要做好粉丝经济，首先就要思考核心问题，如需要给团队与代理商设定具体的绩效考核，看看一场营销活动完成后究竟可以增加多少粉丝、可以卖出多少件商品。如此，才能让代理商与品牌商一同思考，使用最有效的内容创造最大的价值。

三、注重品牌宣传及消费者体验

消费者对品牌的知晓、理解和认可不是一个短暂的过程，而是循序渐进的。在这个信息爆炸的时代，人们接收的信息成倍增长，不论品牌是否受限于自身资源和能力，刚进入市场就不断地传播自己的核心价值不是明智之举。

数据显示，仅在湖南卫视就有二三十个化妆品品牌广告，在消费者对一个品牌还不熟悉的时候，传播过多的信息往往会分散消费者的心智，最后可能导致消费者对品牌核心价值没有清晰了解。而在消费者逐渐认可品牌的核心价值时，品牌也需要达到一定高度，需要和消费者进行精神层面的沟通，再把情感认同与价值认同等品牌核心价值精神层面渗透到消费者的脑海里，如此，消费者才更容易成为品牌的踏实粉丝。

对消费者进行多年的产品功能诉求的轰炸之后，采用不同产品及不同代言人的巴黎欧莱雅品牌以"巴黎欧莱雅，你值得拥有"为宣传语，使这个品牌和其他化妆品品牌产生了鲜明对比。

反观国内的"日化"行业，这个品牌的美白系列，那个品牌的防晒产品等，反而让消费者产生了认知上的错乱。品牌方自以为能作为自己的拳头产品，但消费者不一定会买账。在这方面，我们可以向优衣库学习。

首先，之前的营销方式必须有固定的消费者体验流程步骤等。在快速发展的数字时代，这些都需要有所调整。例如，我觉得你今天穿这件上衣很好看，听说这是某个设计师设计的，但是我自己没时间去买，我拿起手机就可以下单。消费者的初体验到底是怎样的，我们最需要做的一件事情就是，在经济快速发展的时代下，在最有效的时间用最优质的内容去打动消费者的心。

其次，品牌需要思考这样一个问题：你想让自己的消费者在什么时候产生什么样的行为。做营销一定要学会思考，要给你的品牌主提供一个建设性建议，比如，你觉得品牌主做这件事情，如何才能更好地影响、改变消费者的行为。不懂思考，是很难把品牌做好的。一定要用专业的知识，给品牌建设提供更好、更有效的建议。

四、明星 VS 网红：谁能给品牌带来更有效的流量

明星是大众心目中的偶像，对大众的衣食住行都有着极大的影响力，因此很多传统企业都会聘请明星做代言，直到今天依然如此。可是，移动互联时代出现的网红，却让个人品牌的影响力发挥到极致，为品牌带来了更多的流量。

2014 年，"呛口小辣椒"姐妹在网上蹿红，成了第一代网红，靠着分享自己的穿衣搭配而走红。当时，关于穿衣搭配的分享还非常少，而风靡一时的皮衣内搭雪纺连衣裙的穿法就是从这一对姐妹这里走红的。

"papi 酱"是 2016 年第一网红，其口头禅是"一个集美貌与才华于一身的女子"，被很多网友戏称为"低配版苏菲玛索"。凭借自己在短视频中稍显浮夸的演技与吐槽功力，"papi 酱"圈了一大批粉丝，并成功拿下 1200 万元风险投资。

除了"papi 酱"，还有很多网红活跃于网络中。根据《网红经济白皮书》显示，在中国网红中，作品创作类的网红占比 11.6%，视频直播网红所占比例 35.9%，新闻事件网红所占比例 18.2%，自媒体网红占比为 27.3%，其他类网红占比为 7%。

当下，网红经济已经不仅仅是"高颜值"了，越来越多的网红爆发出了新的潜能，他们通过内容吸引粉丝，创造出很多让人惊讶的经济价值，冲击

着移动互联网时代的商业逻辑。

可以看到，"papi 酱"的微博粉丝数已经超过 1000 万，微信公众号的浏览量也是一个大额数字，每篇都在"10 万＋"，而她在优酷网的每集短视频播放量更是惊人，在 300 万左右。这就是当前时代下的网红经济。

如今，越来越多的人加入到网红的队伍，围绕网红出现的商业链条与盈利模式也层出不穷。大量的粉丝、新颖的话题、资本认可的商业变现能力、日益扩张的产业链……网红经济已经逐渐成为移动互联网时代一个不可忽视的社会现象。

而网红经济的"红"不仅仅是欣赏与被欣赏的关系，要"红"的有价值。举个例子，有人在美食方面很有造诣，在做菜或寻找美食方面有很多经验，可以分享给大家，身边就能聚集很多"吃货粉丝"。这样的人也能被叫作网红，聚拢的美食爱好者就能够成为他推广美食的目标人群，他所生产的内容自然也会有非常大的商品价值。

从本质上来说，网红经济其实就是一种市场逻辑。在这种市场逻辑的运行下，仅凭眼球效应出位的网红经济是很难长久的。商品的本质属性最后还是要落实到真正的商品价值上。虽然出现了"一脱成名"或"一骂成王"，但如果不能提供粉丝真正需要的商品，这样的网红经济也仅仅是"昙花一现"罢了。

移动互联网带来的创新同样需要符合基本的市场规律。就像是罗振宇所说，未来的网红经济不会只是"锥子脸"网红的主场，"饼子脸"网红也会出现在市场中。

网红经济释放了移动互联网经济形态中的动力与活力，如果你有才华，你在一些方面有自己的独一无二的创造力、能够吸引别人来追随，你就是有价值的，仅靠脸蛋与浮夸注定经不住时间的冲刷。

五、成功的品牌不能"有人买"却"没人爱"

品牌的成功在于产品究竟受到了多少人的喜爱，有多少消费者会重复购买。

粉丝是英语 Fans 的音译文字，意思是"狂热、热爱"，后来引申为"追星者、影迷、对一个品牌忠实的人"等。其实，对于一个品牌的成长来说，能够获得多大的成就往往取决于这个品牌与消费者之间的关系拥有多少忠实消费者。

如今苹果公司是让人不可忽视的品牌之一，苹果公司成长的背后就离不开数量巨大的粉丝群体，也可以说，正是这些忠实的粉丝才成就了苹果公司。iPhone、iPod、iPad……每款苹果公司的电子产品都拥有大量的拥护者，只要苹果的产品一上市就会受到苹果公司忠实粉丝的疯狂追捧，他们心甘情愿地掏钱排队购买苹果公司电子产品，哪怕就是彻夜等待也没有什么怨言。

苹果公司是怎样培养出这么多粉丝的？苹果公司是怎样让消费者产生价值认同感，找到归属感，建立起品牌的忠诚度的呢？这就不得不说一下苹果公司的品牌营销策略了。

苹果公司的品牌营销与一般电子产品的品牌营销不同，苹果公司强调差异化的设计与情感化诉求，苹果公司电子产品相当于一个标签，消费者购买后，彰显了他们与众不同的性格、年轻时尚的心态及社会身份等。

在以消费者为主导的移动互联网时代，与消费者保持良好沟通，并与消费者建立一个长期稳定的关系，让消费者找到归属感，掳获消费者的"芳心"，这样才可能会成长为一个知名品牌。

成功的品牌，一定会将自己的形象植入到消费者脑海中。因此，为了让粉丝爱上你的品牌，就要从以下几方面做起：

首先，促使粉丝主动影响"伪粉丝"。让粉丝影响"伪粉丝"体现了"近朱者赤，近墨者黑"的道理。粉丝相当于意见领袖，要让粉丝潜移默化地影响"伪粉丝"，通过意见领袖的力量让"伪粉丝"逐渐变为品牌的忠实粉丝。

其次，巧妙运用品牌的情感营销。品牌不只是一个商标、一个符号、一个记忆点，还代表着一种生活方式，代表着一种生活态度。比如，雪茄品牌是一种社会身份的象征，象征着一种高贵奢华的生活品位，象征着一种独特的雪茄文化，象征着一种高尚的不拘一格的生活态度。

"芙蓉王"品牌就十分擅长情感营销。"芙蓉王"品牌把目标消费人群定位在追求成功或已获得成功的上流社会人士，结合品牌定位，"芙蓉王"品牌在广告片中传达出一种对成功的追求及锲而不舍的态度，引导人们去追求这种生活方式与生活态度。

第五节　移动互联网时代，重新定义品牌的着手点

一、客户的体验与感知

移动互联网时代，客户的主动性更强，对于品牌，他们更加重视获得美好的体验。他们对于品牌的要求，不仅是质量好，更是良好体验的获得与

感知。

在打造自己品牌设计时，或在布局线下实体店时，企业最需要考虑的是：如果一个人回归到婴儿时期的状态，他会用什么样的方式去感受这个世界。一个人在婴儿时期，往往会用触觉、嗅觉这些人类最本能最原始的方式来感知世界。也就是说，要使用最简单、最符合人性的方式和消费者进行沟通，也可以直接告诉消费者应该做什么。

要做到这一点，有三个关键点：第一，不要让消费者有太多的选择；第二，不要让消费者思考太多、学习太多；第三，不要让消费者犹豫不决。假如能够做到这三点，就可以更加贴近人性，能够让消费者更好地体验。

（一）让消费者变得很特别。移动互联网时代，信息过剩使人们对碎片化信息产生了极大的恐惧。为了避免信息过于混乱，产生可能使消费者迷茫与高昂的搜索成本，企业一定要将消费者需要的信息（或产品）快速准确适时地推送到消费者的面前，而不是让消费者自己去筛选，这就要求企业要具有更精准的预测和推荐能力。美国梅西百货就很好地实现了这一点。

梅西百货发行了十几万本杂志，介绍百货商品。为什么要发行这么多？因为每本杂志的内容都不同，是针对各类消费者的需求而特别制作的，所以每个消费者拿到的都是专属于自己的杂志。这种感觉与经历会让消费者感到很特别。

梅西百货商店是美国一家百年商店，梅西百货为消费者提供了一种配送物流服务。消费者直接在智能终端购物，商店就可以直接从仓库发货配送。本地化配送，商场通过最短路径，为消费者提供便捷物流服务。

为了改善或提高顾客体验，消费者可以通过智能技术、语音询问很多问题，比如，某个商品当天的价格、库存量、消费者点评、食品的生产日期、衣物的颜色、科技产品型号等。消费者可以先体验试用，然后再决定买不买。

（二）主动给客户创造惊喜。在正常的情况下，人们感觉最好的时候是什么时候？不经意时亲人与朋友带来的惊喜。同样，在购买这一行为中，触发不确定性的惊喜，也可以给消费者带来不一样的体验，并因此激发消费者购买的欲望。

互联网时代以简单、静态信息为主，而移动互联网使网络和现实形成一种映射关系，以多方面、多角度、多时间服务为主。知道了移动互联网技术的特点，就能够寻找创造惊喜的根本途径。那么，在购买过程中，哪个阶段是最容易影响消费者，并能够带给他们惊喜的时刻呢？

消费者的购买过程大多可以分为预售、在途、现场、选择、交易、售后六个阶段。尽管每一个路径与节点都存在进步的可能性，但是唯有从预售阶段至选择阶段的引导是给消费者惊喜式的体验最佳环节。这一点，也是三只松鼠最厉害的地方。

三只松鼠握住了和用户互动的关键环节，用户在收到并打开包裹的瞬间，可以看到卡片、夹子、果皮袋等小礼品。三只松鼠为用户制作了既好看，又实用的纸袋，方便用户在享用坚果的时候扔果皮。

（三）为客户提供超越期望的体验。怎样才能够做到超越客户期望呢？

首先，要超越现实。移动互联网的发展已经让现实与虚拟世界的界限变得十分模糊，在许多场景中，人们已经分辨不清究竟自己是在现实世界中还是在虚拟世界中。

其次，要非常方便，让每个消费者的每个动作都感觉方便。几年前，沃尔玛员工对消费者在店内进行线上线下比价十分反感。但如今，沃尔玛一直都鼓励消费者在实体店里使用 APP。每间分店里都设定特有的"领域范围"，消费者手机里的 APP 会自动侦测地点，当消费者进入实体店内后，就会自动切换成"店内模式"，收到最新的特惠商品及新品信息，通过 APP，消费者还能在实体店与网店之间随意切换。

二、企业的有形价值

移动互联网时代，不论是产品本身，还是产品外观及产品延伸，都是为了更好地满足消费者的需要，在最大程度上产生认识品牌的作用。

海尔集团是 20 世纪 80 年代的产物，1984～1991 年属于名牌战略阶段。海尔集团把目光放在创建冰箱品牌上，人们一提到海尔，就能联想到冰箱，那时候海尔就是冰箱的代名词。

1991～1998 年属于多元化发展阶段，海尔的创新是以"海尔文化激活休克鱼"为思路，先后兼并了国内十八家企业，在多元化经营和规模扩张方面进入了一个非常广阔的发展空间。现在，海尔品牌已经逐步涉及洗衣机、空调、电视机等，品牌的有形价值逐渐多元化，品牌代表的使用功能也出现了多元化趋势，品牌的有形价值逐渐开始类别化与产品要素化。海尔品牌各类产品能否提高有形价值，取决于各类产品要素逐渐适应消费者需求的程度。

全球化市场的高速发展，消费者的需求发生了巨大变化，附加产品外的要素优势已经不能满足消费者的需要，20 世纪末，海尔加强了产品技术创新，例如，洗衣机由半自动变为全自动、空调变得更加环保静音等，同时产品的外观包装也不断更新，与时俱进。

随着人们逐渐开始追求便利化与人性化的产品，海尔品牌的有形价值也在不断提高。在评定"2011 中国最有价值品牌"中，海尔产品以 907.62 亿元的品牌价值位列第一，连续 10 年位居"最有价值品牌"的榜首。

关于品牌的定义，有很多种说法，仁者见仁智者见智。笔者认为，品牌是客户对企业一切有形价值与无形价值的整体体验和感知。

企业的有形价值主要包括产品的外在形象、产品使用的便捷性、产品价格的合理性、企业服务的水平、企业的实力以及员工的素质等。这些能看得见的东西，是客户能直接感受到的品牌价值。

品牌的基础要素包括产品本身、产品外观和产品延伸三个方面的内容。其中，产品自身主要包括产品的技术和创新、产品的设计和工艺、产品的品质和品性等；产品的外观表现为产品的形态和形状、产品的包装色彩、产品的商标、文字及图案、产品的文字说明及执行标准等；产品延伸表现在产品的选择性和方便性、产品的美观性和实用性、产品的适应性和发展性上。

这里，品牌要素是品牌形成的根本。其中，产品本身是消费者需求的最终目标，决定了品牌的具体价值；产品外观和产品延伸都是为了在消费者心中树立起一个具体的有形品牌形象，对其实用价值起着辅助的作用。

三、企业的无形价值

品牌具有独特的价值，是企业最宝贵的无形资产。一个真正成功的广告并不在于广告的制作上，而是在于让媒体不断地讨论你的品牌从而形成广而告之的影响力，这就是品牌的魅力，也是我们经常说的企业的无形价值。

真正有价值的是产品本身，以及该产品能够为消费者提供的利益。产品本身非常重要，尤其是在短期内，品牌需要一个赖以生存的独特产品。

1995 年，红牛维他命饮料有限公司成立在中国，红牛着眼于全球战略布局，并用"为在改革开放中自强不息、蒸蒸日上的中国人民添力加劲"作为宗旨，开拓中国市场。

　　当时的中国，饮料产品样式并不多，任何一款通过大量电视宣传的饮料基本上都能够取得骄人的销售业绩。红牛独具品牌战略眼光，从最开始就将自己定位成能量饮料，身体需要能量的时候用来补充能量的饮料。

　　当时的中国饮料市场，还没有能量饮料这一说法，红牛的定位填补了中国饮料市场的空缺，为中国能量饮料开创了新品类。同时，迅速启动的大规模央视广告行动，让红牛形象被很多人知道，并以能量饮料快速爬升至排行榜第一品牌的位置，占据了消费者的心智。

　　1998 年，红牛通过修正，把广告语改为"渴了喝红牛，累了困了更要喝红牛"，广告皆是用了场景拍摄的方法，在广告中展现了口渴人群及疲倦人群的状态，而当他们喝了红牛后，体能得到了迅速恢复。这个广告通俗易懂、一目了然，让疲倦与劳累人群一听即懂，迅速向消费者传递了红牛饮料的功能作用。

　　2003 年中国遭遇到"非典"的入侵，人们的户外活动受到健康的威胁及限制。在这期间，红牛的功能诉求不符合当时的生活消费环境，于是把"渴了累了喝红牛"的广告定位进行调整，从其本身配方中含有维生素 B 的角度出发，走维生素健康的路线，在媒体上针对增强人的体质和免疫力进行宣传，并在一些地区向医务人员进行捐赠。增强体质与免疫力不是饮料本身应该有的功能，于是在消费者的心智中，红牛也就成了保健品以及药品。因此，在"非典"之后，红金牛重新回到能量饮料的功能定位上。

　　2011 年，红牛签约林丹作为其品牌形象代言人，进行了一次品牌定位，广告语为"有能量，无限量"，试图超越品牌单纯的功能性定位，给品牌附加社会、人生的价值，以林丹在赛场打羽毛球等作为内容拍摄了品牌广告宣传片，就是为了契合其主题。

到了 2012 年，红牛推出了经过修正后的最新广告语，内容是"有能量，创造新传奇"，并借助伦敦奥运会的到来，迅速在电视媒体、户外媒体、交通媒体以及网络等一系列广告媒介中进行大规模的传播。

2016 年 10 月，红牛与 e 代驾联合开展了"夜代驾·有红牛"第二季系列主题活动。

前来参与活动的 e 代驾司机，都会获得主办方免费赠送的红牛饮料；同时，还开展了线上选拔"最牛夜行侠"活动。该主题活动线上线下双重结合吸引了上千名代驾司机，是代驾司机品牌专属活动中参加人数最多、整体规模最大的，体现了红牛品牌对当下社会新兴群体的人文关怀与鼓励。

四、关注一切细节

品牌的塑造随处可见，产品研发、店面的设计、产品包装设计、销售服务、售后服务，等等，需要一点一滴从企业经营的细节入手。

日积月累、高要求、高标准的细节打造，是品牌打动人心的利器。例如，海尔在接到客户电话的时候，都会说一句"让您打电话要求我们服务，一定是我们的产品为您带来了麻烦，真不好意思"，这句话不知道感动了多少消费者。

麦当劳在 121 个国家中拥有 3 万多家店，每天都吸引着世界上将近 4500 万人来就餐。麦当劳带给人们的不光是快餐概念，更诠释了一种美式的生活文化，其将"品质、服务、整洁、价值"作为自己的经营理念，贯穿到企业管理中，每个环节、每个角落都塑造出麦当劳的品牌文化。

为了保证汉堡包的美味可口，麦当劳在细节上做足了功夫，精益求精到了一定的程度：

面包的直径平均为 17 厘米，因为该尺寸入口感觉最好；

面包中气泡为 0.5 厘米，因为该尺寸味道最佳；

对牛肉食品的品质检查有 40 多项内容；

肉饼成分很有讲究，由 83% 的肩肉和 17% 的五花肉混制而成；

牛肉饼重量 45 克，边际效益最大；

出炉时间控制在 5 秒钟；

一个汉堡包净重 1.8 盎司，洋葱重 0.25 盎司；

与汉堡包一起销售的可口可乐为 4 摄氏度，此温度是最可口的温度；

……

可以说，其制作的点点滴滴，精益求精的细节打造了麦当劳无与伦比的品牌力。麦当劳的管理能够带给我们巨大的启示：细节才能成就品牌。

老子说："天下难事，必作于易；天下大事，必作于细。"当今社会有一句流行语"细节决定成败"，伟大在于对细节的处理，品牌的塑造也是同样道理。

很多企业都认为，在移动互联网时代，重塑企业品牌需要制定一个宏伟的战略，能够一招定乾坤，总是妄想一鸣惊人或一炮走红。不可否认，大手笔、大制作或大投入确实对快速提高品牌的知名度有着很好的效果，但是品牌文化的积淀、品牌美誉度的提升、品牌美好的联想都不是一朝一夕可以完成的，需要持之以恒的积累。单纯地用广告对消费者进行狂轰滥炸，无法长久地建立品牌知名度，只能是昙花一现，难以保持下去。

品牌就像是百合的魅力、松柏的长久，需要润物无声、潜移默化地融入消费者的心里，拒绝粗莽和浮躁，青睐坚韧和恒久。

无数的事实证明，注意细节有更大的概率在竞争中胜一筹，在一点一滴的细节中积累形成的品牌力才能够所向披靡，才能够保持品牌的长久。

第六节 重新定义市场，找准优势卡位

一、剖析行业"领头羊"角色

要想获得影响力，就必须要选择一个好的学习者。"背靠大树好乘凉"，与行业老大产生话题无疑是制造关注度及迅速提升知名度的良好途径。

百事可乐在进入市场的初期，作为市场的追随者，用"me too"策略打入市场，你可口可乐是可乐，我百事可乐也是可乐。幸运的是，通过与可口可乐关于"cola"一词的所有权官司，百事最终赢得了市场共存的权利。但百事可乐却并没有安于现状，并没有当一个市场追随者，而是采用了"差异化竞争"策略，将目标市场定位在"新一代"上，长期占领市场。

"新一代"是可口可乐服务目标的边缘化群体，他们叛逆，追求个性，很少对一个品牌保持忠诚度，百事可乐抓住这一群体的心理，走到"新一代"的身边，赢得了这块市场。之后，百事可乐慢慢开展了更大范围的动作，试图挑战可口可乐不可撼动的市场神话。其采取"低价格策略"打算与可口可乐展开竞争，进一步缩小了和可口可乐的市场地位差距。

在争夺国际市场方面，尽管可口可乐势力更强，但百事可乐充分把握住每个机会，在可口可乐逐渐退出印度市场时，百事则迅速采取了四条措施，"接手了"印度市场。

在促销竞争方面，百事可乐非常注重广告攻势，通过便捷、简单、通俗的广告语影响年轻人的思想观念，引领时尚潮流。"百事挑战"这个广告策略效果非常出众，为通过测试询问消费者百事可乐哪一个口感更好的这一现象。百事可乐在莫斯科冬奥会上做了一个详密的宣传策划，销售额大大超过可口可乐，而且声名大噪。

而可口可乐则是凭借最新的研发，通过可乐技术抢先了可乐市场，而且凭借口味符合大众的喜好而占领许多国家的饮料市场。可口可乐比起百事可乐更注重老客户，面对百事可乐的攻势，1985 年可口可乐改变沿用了 99 年的老配方。结果，消费者谴责可口可乐"背弃"了自己与忠实客户。为了应对市场危机，可口可乐恢复了老配方生产，同时推行新配方饮料，最终化危机为优势。

在占领国际市场方面，可口可乐采用了"现地主义"。让当地人"自治"可口可乐当地工厂，提高了下属的灵活性，可口可乐能更容易适应当地市场。通过这种策略，可口可乐快速占领了许多国家饮料市场。

在促销方面，可口可乐一直宣扬的是简单的快乐。从广告上来看，可口可乐的策划非常周密，不仅有永恒的主题"喝可口可乐吧"，还在不同时期及不同地域进行主题变换，灵活多变但还是一个统一的整体。在莫斯科冬奥会失利后，凭借着强大的实力及重金投入，可口可乐买下了洛杉矶奥运会饮料的专卖权，以垄断优势占领了洛杉矶奥运会饮料市场，打了漂亮一仗。

二、单点突破，找准市场卡位

移动互联网时代，在市场重新定位的调研中，首先必须对核心竞争优势进行定位。

竞争优势，代表了企业可以胜过竞争对手的能力。但是，这种能力有可能是现有的，也有可能是潜在的。选择竞争优势是企业和竞争者在各方面进行实力比较的过程，通过比较，能够准确地选择相对的竞争优势。通常使用的方法是分析、比较企业和竞争者在经营管理、采购、生产、市场营销、技术开发、市场营销、财务与产品这七个方面究竟哪项是强项，哪项是弱项。之后，选出最适合本企业的合理项目，初步确定企业在目标市场上的位置。

与东莞许多代工厂一样，东莞恩典皮具制品公司（以下简称恩典）在东莞成立了 20 年左右，是众多国际知名品牌的代工厂。在前几年，恩典就已经搭建 16 条现代化的生产线、新建现代标准的大型实验室中心，是世界箱包巨头迪士尼、新秀丽与 KENZO 等多个知名大牌的合作商。

即使每年的销售额都非常高，但是恩典一直承接的是代加工订单，渠道也比较传统。2014 年，恩典推出了自己的品牌，并在年底组建了属于自己的电商部，之后成功接到一笔 193 万元的外贸订单，刷新了公司最高订单纪录。借助"移动互联网＋"的运营模式，恩典的销售额不断地上涨，签约新三板后，将传统皮具行业推向了资本市场。

东莞年年旺电子公司也有相同的经历。

年年旺公司（以下简称年年旺）在东莞成立也有 10 余年，代工经验丰富，之前曾高薪聘请过"电商高手"过来运营，但是成效不好。之后创始人蔡女士努力学习电商知识，并带领团队一起努力，创下了年销售额翻倍的业绩。

除了老板不断学习、挂帅上阵之外，工厂现有的产品怎样重新定位并适应电商的需求，是不少企业主转型电商最先需要考虑的问题。

找准一点集中优势资源非常重要，即使对手再强大，只要聚焦到对手的一个漏洞，充分发挥你的竞争优势，集中攻击对手的漏洞，你就有可能获取更多的市场份额。

三、"快"、"准"、"狠"，迅速占领市场认知高地

移动互联网时代，若想让品牌在最短的时间里占领消费者的认知，就要"快"、"准"、"狠"。虽然可以多花费一些时间在前期规划上，但是在营销的执行上一定不能给竞争对手过长的反应时间，否则就是对自己的一种残忍。

（一）唯有"快"才能够占领市场。天下武功，唯"快"不破。营销也是同样的道理，只有用其他人没有的速度，以迅雷不及掩耳之势占据市场，才能够避免后来人的超越。

"快"就指的是成功的商业模式可以被快速复制、成名的热点可以被快速借力、成熟的技术可以被快速迭代、成型的产品可以被快速取代。笔者认为，"快"就是效率，就是一家企业的核心竞争力，是产品品牌可以占领市场的一个重要因素。

（二）忠于自己的诉求，营销的关键就是"准"。"准"的核心是什么呢？品牌价值观。每一个成熟的品牌，都应该有自己的核心价值观，就像每一个独立的个体，都会用自身的价值观去判断什么是对的什么是错的。一个企业的品牌价值观的形成，不同于其他的个体，它是集体的智慧，是几代的品牌运营团队赋予其品牌的核心思想。

我们知道，一对恋人能不能走到一起，价值观的相互认同是非常重要的一个因素。所以，企业培养的品牌价值观，唯有让更多的人接受与认同，并与他们的价值观相符合，品牌才能够获得更多人认可与欣赏。

正是这个原因，企业在战略的制定中，对于企业的未来发展、使命与核

心价值观的制定，是决定了这个企业是不是能够走远以及能够被多少人认可的重中之重。从下面这些知名企业品牌价值观的输出文案，就能见微知著：

104 人力银行："你未必出类拔萃，但肯定与众不同"。

泸州老窖："别把酒留在杯里，别把话放在心里"。

天猫："普通的改变，将改变普通"。

（三）让自己多一点"狠"劲儿。移动互联网时代，营销的方式多种多样，"快"与"准"是必须具备的，但是"狠"常常是最重要的。为什么要将"狠"作为营销另一个重要的支撑来说呢，这是因为太多的案例是因为"狠"最后才取得成功的。

当年淘宝与易贝的竞争异常激烈，因为免年费营销策略的"狠"，淘宝才战胜了易贝；小米的饥饿营销也是一种"狠"，对自己的"狠"，使用饥饿营销让小米走上了事业的巅峰；360 开创了完全免费杀毒软件的"狠"，才开创了新的杀毒时代，并且成就了自己如今的地位。"狠"，是一种态度，更是一种敢为人先、大胆尝试的精神，还是一种颠覆过往的营销新策略。

第二章

移动互联网时代，如何重新定义品牌建设

第一节 移动互联网时代，品牌建设的三大原则

一、树立强烈的品牌战略意识

从世界品牌资产估值的前十名来分析，大多数品牌所涵盖的核心产品都是非常专一的。比如可口可乐的碳酸饮料，万宝路的香烟，IBM、迪士尼、柯达、麦当劳、吉列、耐克等都是这样；而东芝、松下的年销售额很高，但是其品牌价值却不如以上品牌，最重要的原因就是东芝、松下的产品延伸线太长了。一个品牌的承受能力是有限的，产品过多，不可能每一个产品都会成为这个领域的主导产品，它的质量或是忠诚度不够，特别是忠诚度。

消费者不会相信一个品牌在每一个产品线上都是优质的，他只认可该产品的主打品牌。可以这样说，即使电脑品牌中有海尔、TCL，但是我们买电脑的时候最先想到的还是联想、戴尔之类的品牌，同样道理，买彩电的时候最先想到的是长虹、康佳等。

移动互联网时代是一个讲品牌的时代，企业如果想要取得长远的发展就要打造自己独一无二的品牌。从短期来看，良好的品牌意识能够帮助企业盈利，从长期来看，对一个企业的未来有着不可预想的价值，它是产品实现品牌价值的最合理的途径，是引领企业走向成功的关键。所以，提高品牌的意识，加强品牌建设是非常重要的。

从企业发展的角度来说，品牌能够给企业带来溢价、产生增值，它是企

业的一种无形的资产。上市公司的股票市值就能够体现出这一点，账面价值加品牌溢价，强大的品牌资产不仅可以提高客户的忠诚度，而且可以为厂家带来巨大的品牌溢价等收益。

移动互联网时代，谁能够吸引更多消费者的关注，谁就能获得更多的成功筹码。对于企业来讲，品牌的附加价值是吸引消费者眼球的一个重要卖点。事实上，品牌战略的支撑点就是产品的附加价值，指的就是品牌的精神。

品牌精神是什么呢？可以这样理解，就是指每个产品所代表的精神，除去产品本身的实用性，它带给消费者的一种精神体验或是精神理念。企业越大就越应该重视品牌的管理，唯有把品牌管理做好才能保证企业可以走得长远。

品牌意识低，其发展就会比较困难，一般中小企业对自身品牌建设的关注度普遍不够，有的企业根本就没有品牌的意识，甚至连它最起码的企业商标都没有进行注册。许多中小企业总认为自己的企业规模比较小，产品销售量才是企业的重中之重。

从消费者的角度来看，随着经济的快速发展，人们的生活水平一直在提高，大部分人的消费观念已经不再局限于满足个人的温饱阶段了，更多的是追求更高一级的需要，追求自我价值的实现。在选购商品的时候，消费者考虑更多的，是这款商品和自己的身份是不是相符，是不是能够体现自己的品位。他们愿意花一个高价来买不失体面的产品。

移动互联网时代，企业发展的优势就是合理利用我国的社会资源，打造出被消费者认可及赞赏的品牌。打造知名品牌的根本就是树立良好的品牌意识，为企业制定品牌战略奠定理论基础。因此，对于企业来说，要树立良好的品牌意识才能够得到长久的发展。

二、把握自身优势，创立特色品牌

移动互联网时代，市场中的同类型品牌太多。想要在竞争激烈的市场竞争中脱颖而出，只能出奇制胜了。把握自身的优势，创立特色品牌不失为一个好办法。在确立自身的优势之前，对市场要进行细分，找到市场空白，再针对这一空白进行推广营销，尽可能在其他竞争者之前占据这一空白市场，并确立自身的品牌优势，树立其品牌影响力。

就像是曾经的海飞丝洗发水把自己定位在去屑上一样，其产品在市场刚推出的时候是仅此一家，迅速吸引了有这方面需求的消费者的眼球，从此奠定了去屑洗发水品牌的市场地位。

海飞丝是怎样把握自身优势，创立特色品牌的呢?

海飞丝是宝洁公司（Procter Gamble）旗下的一款洗发产品。它是 1986 年进入到中国台湾市场，1991 年进入到大陆市场，海飞丝的特点就是"去头皮屑"。

然而，在市场上，洗发水的种类有很多，竞争十分强烈。

海飞丝的主要成分中含有 ZPT，是一种杀除真菌的化学成分，因此海飞丝可以起到防止头皮屑的效用。为了能够在激烈的市场竞争中，争取属于自己的位置，海飞丝把自己的优势作为营销点，创立了一个带着自己特色的品牌。

为了创立自己的品牌，海飞丝进行了大规模的市场调研。一直以来海飞丝洗发水定位十分明确，它在消费者的心中就是去屑类洗发露丝质柔滑型的产品。它能够帮助消费者从发根上减少头屑，改善头部皮肤健康问题。

海飞丝在市场进入初期，主要以有效去除头屑的诉求为主，海飞丝强调自己是专门针对中国人的发质而设计的去头屑洗发水，在促销上以去除模型假发上的头屑的演示作为一个直观的功能记忆点，来印刻在消费者的心中。

现代营销思想指出，当一个产品即将进入发展衰退期的时候，这个企业需要做的是为这个产品附加新的功能性利益与理念，从而获得消费者的青睐，延续产品的生命周期。宝洁公司提出，产品不存在生命周期，它认为只需要随着消费者的需求变化即可，而创新产品就永远不会进入所谓的产品衰退期。

海飞丝在产品还在市场未成熟的时候便开始未雨绸缪，创造性地为新海飞丝附加上一些"去屑又清凉"的功能性诉求理念。海飞丝在各大城市举办了全国性的"海飞丝清凉酷一夏"促销活动，为了配合促销活动，又举办了"新海飞丝超酷FIAF大赛"活动，从而提高了新海飞丝"清凉去屑"的影响力，重新焕发了海飞丝的生命力，因而海飞丝进入中国十几年之后依然非常有活力。

三、结合时代特色，善用移动互联网推广

实施品牌战略需要进行品牌推广，推广的方法随着时代的发展而不断发展，品牌推广的方式也是多样的，21世纪利用移动互联网进行品牌推广是现代企业最喜欢的推广方式。据CNNIC第31次移动互联网报告记录，中国的上网人数高达5.64亿，同比新增了5090万人。这么大的用户群体决定了移动互联网品牌推广的方式，而其中微博推广、新闻推广、微信推广、贴吧推广等成为最受企业欢迎的方式。

雕爷牛腩花了500万元买断了香港食神戴龙牛腩配方。在具体的经营过程中，雕爷牛腩的每一双筷子都是定制的、全新的，顾客吃完饭还能够带回家；喝汤用的碗接触嘴的部分非常薄，非常光滑，但是其他部分非常厚并且

相对粗糙，这样，人在喝汤的时候，嘴唇接触的部分就会有良好的触感，而在端碗时，其粗糙厚重的触感会给人安全感；面碗在符合人们使用习惯的位置开了一个拇指大小的槽，端的时候非常稳固，还开了一个槽能够把筷子与勺卡在那里，喝汤的时候筷子与勺不会打在脸上。

就像这种，雕爷牛腩将细节做到了极致，力图打造出一种精细轻奢的餐饮体验。这些精细的体验在网络上获得了很好的口碑，并口语相传，开业两个月的时间，就实现了所在商场餐厅评效第一名；VC 投资达 6000 万元，估值 4 亿元。

在日益激烈的市场竞争中，企业品牌与企业的生存及发展息息相关，企业需要注重自身企业品牌建设，这样才能够在这大潮流下抓住机遇打造长久的品牌。品牌建设，这是保证企业生存的根本与基础，也是铸造企业辉煌的起点。

移动互联网时代，怎样利用互联网思维、怎样利用移动互联网工具，让财富梦想实现得更快一些？品牌策划需要具有前瞻性、创新性思维。不论是通过传统的电商渠道，还是结合 O2O 嫁接移动终端工具，品牌建设都是最需要解决的。

怎样在激烈竞争的环境下，让产品更好地销售出去呢？当然是要抓住客户的需求、心智，进行差异化定位、建立品牌以及营造客户口碑，这些都非常重要。

投入最低成本（时间与财力、精力等），在短短的时间内，一年、半年甚至是数月，打造出一套属于自己品牌量身定制的、精准的品牌建设体系已经不再是一个梦，不会太遥远了。

第二节　移动互联网时代，品牌建设的七大要素

一、用户需求调研和诊断

在移动互联网时代，人们的生活发生了翻天覆地的变化，市场、企业、用户之间的关系也发生了很大的改变，如今已经不再是企业占据主导地位的时代了，而是用户至上的时代。移动互联网成了维系企业与用户的最好媒介，谁适应了这种变化谁就有可能走在时代的前端。对于这一点，从苹果的成功就能够管中窥豹；而淘宝网在 2016 年"双 11"这一天，全天营业额超过 9 亿元，如果在没有移动互联网的年代应该是没有办法想象的事情。

假如说过去互联网还是一个新鲜的事物，那么如今它已经发展成为生活中不可缺少的一部分了，而且能够预见将来会更加全面地渗透到我们的生活中。随着信息技术的快速发展，移动互联网也一样深刻影响着人们的生活习惯与消费理念。

各行各业或是任何时代，用户需求一定是企业计划不可更改的主题，首先要弄明白用户想要的是什么，再结合企业自身的实力有针对性地提供创新产品与服务。对于用户的需求，我们必须要学会区分用户的表面需求以及内在需求，这样就能够用最恰当的方式实现过程中的计划。然而，表层的用户需求本身所具有的商品多样性与文化依赖性，所以，我们应该留心观察，从更深层次上把握商品内在的人性和动机，也许会更容易触到用户的根本需求。

移动互联网的本质是连接，移动互联网的存在让连接变得十分容易，这正是为人类从基本需求的角度获取更高层次的满足提供了物质保证。创新的关键，其实是理解人性。以下几点也是做好移动互联网时代用户需求的要素：

（一）获取客户信息，主动与客户沟通。获取信息时就要对客户的需求有一个完整的了解，应该了解客户的需求有什么，其中哪一项对于他来说是最重要的。事实上不会有哪一家公司的产品完全能够满足客户的全部需求，但是假如销售人员知道在客户的需求中客户最关注的是什么，我们就能够想办法去引导客户，让客户去选择你的产品。

（二）跟客户实现交易。"作为年轻人，不会上网购物就是可耻的。"这是网上流传的一句玩笑话，虽然是玩笑话，但是从侧面说明了移动互联网交易已经深入大家的生活。

（三）满足客户的精神需要。美国心理学家马斯洛将人的基本需求分为五个层次，分别是：生理需求、安全需求、归属和爱的需求、尊重的需求、自我实现的需求。每个层次都不是独立的，一个人在不同的环境下会产生不同的需求，也许是一种，也许是很多种，这些需求它们相互依赖、逐层递进，但是也具有整体性。而移动互联网的流行和普及真正让这种需求能够得到释放，没有严格的等级制度来制约，人和人之间更加平等。

古往今来，人们一直都在追求的其实就是需求被满足。因此，移动互联网时代的用户需求是什么是最先需要解决的问题，想想你的产品与服务，是不是能够带给用户最大程度的满足，是不是能够让用户感受到幸福。

二、品牌基因定位系统

1969 年，杰克·特劳特第一次提出了定位这个词。1970 年，菲利普·科特勒将定位这个理念引入到营销学中，使定位作为"4P 理论"形成之前最重要的一个方面。

经过两位营销大师的发展，定位理论迅速扩展到全球。然而，两位大师的门徒虽然人数众多，真正学到定位精髓并成功应用到企业发展的公司却寥寥可数。中国高端厨电专家和领导者方太公司，算是西方营销理论在我国发展的一个特例。

每个行业都有这个行业的市场定位，这种定位就像一座金字塔，越是金字塔顶端的客户，它的市场面越为狭窄。而方太从诞生的那天起便为自己打造了高端的市场形象，这是一个不算广的细分市场，其增长性与盈利性却高过低端市场很多，这是因为有一些愿意为超常的品质支付溢价的消费者，而且随着人们生活水准的逐渐提高，这样的消费者也会变得越来越多。

在成立之初，出于对市场的探知，方太选择了厨房电器这样一个不被大家电企业重视、国外产品也很难本土化的行业。

20 世纪 90 年代中期，吸油烟机行业有三四百家小厂，仅在浙江当地就已经有老板、帅康、玉立等多个知名品牌，中小型的厨电企业更是密密麻麻、数不胜数。方太集团总裁茅忠群对这些"后来者"从不担心，这是因为看到市场现有产品的消费者满意度很低，留给方太的创新空间很大。竞争看似激烈是由于大家都挤在一个屋子里，盯着同一群客户。

厨房对于这些被盯着的客户来说，是一个"做饭的地方"，也是家的一部分，油烟污染的不仅仅是厨房的空气，更是生活的品质。他们不仅对油烟的气味十分敏感，而且对吸油烟机的外观设计也十分挑剔。他们愿意花高的价格购买一种和洁净、时尚有关的生活品质。

准备后发制人的茅忠群，很快便针对"独特、高档、领先"这三点进行切入，制定了方太的高端品牌战略，追求产品的领先。方太的目标消费群体是那些追求高品质的生活，并且有与之相匹配消费能力的消费者。

那么，什么是品牌的基因呢？品牌基因就是包括品牌的核心价值以及品牌的个性，是形成品牌差异化的最根本的原因。品牌基因是品牌资产的主要部分，它让客户准确、条理清晰地记住并识别品牌的利益点和个性，是驱动客户认同、喜欢以及爱上一个品牌的重要力量。

要知道，品牌的成长有着自身的发展规律，不仅有传承的一部分，也有因内外部环境发生变化之后而导致的品牌进化。这个过程就像是生物的进化过程，我们能够从仿生学的角度寻找到品牌基因的演变发展轨迹。

品牌赖以生存的环境就是消费者的需求，产业内各个品牌为争夺市场份额而不断进行竞争，在一定的阶段内能够达到相对均衡的状态。环境的变化常常会打破短期的平衡状态，这会给品牌带来一些机遇，同时也会带来一些挑战。

环境的改变会导致市场需求的改变，新的市场需求也会因此产生，而传统市场需求在不断萎缩。移动互联网时代，产业内更加灵活的品牌能够适时地检测到这些变化，并针对新的市场需求特点继承新环境的基因或开创新的品牌基因，能够夺得新的市场份额，使企业得到发展壮大。

三、品牌营销定位

良好的品牌定位是一个品牌经营成功的基础，一个良好的品牌定位能够为企业进入市场、拓展市场起导航作用。移动互联网时代，如果不能够有效地对品牌进行定位，树立独特的让消费者能够认同的品牌个性和形象，那么产品就会湮没在众多质量、性能以及服务等方面雷同的商品中。那么，品牌营销定位应该怎样进行呢？需要遵循以下的法则：

（一）主动开创一个新的品类。消费者大多数只会记住或认可一个行业或是品类里面的领导者品牌。所以品牌营销的第一条法则就是要打造领导者品牌。

"王老吉"本来是放在药店里面销售的商品，策划团队经过对其包装改变，把它变成了凉茶饮料，"王老吉"因为这一转变率先成为饮料里面凉茶品类中的领导者品牌，销售额连年递增。

（二）学会借助外力。假如能够靠住一棵大树，借势于外力，自然会使品牌的打造更容易一些。

（三）快速占领一块区域。在商业的王国里，品牌的营销和构造也是这样，与其四处游击，没有一个固定的区域，不如占地为王，打好基础再进行扩张。

（四）将人群吸引过来。人群的分类是有规律的，企业的品牌定位就是要找到这个规律，对消费者进行定位。鲜明的消费者定位，可以快速建立消费者和品牌之间的关联，从而使得消费者得以快速"对号入座"，企业的品牌也能够快速被定位的消费人群所接受。

（五）找到一个适合的字词。抢占一个消费者认可的字词作为品牌营销的切入口。郎酒找到了一个"郎"字，然后衍生出其他各种产品——老郎酒、红花郎、郎牌特曲等，形成一系列"郎"品牌，印刻在消费者脑海中。

（六）确立明确的标准。要"建立一项标准"，通过标准的制定使自己的品牌快速被消费者接受。例如，农夫山泉设计了"农夫山泉有点甜"这个广告，把自己定位成天然的弱碱性水，并告诉消费者 pH 值大于 7 的标准，与市场上其他饮用水生产厂商形成了明显的对比。

（七）打造一个响亮的口号。俗话说，"一个思想之所以得到传播，不是因为它是对的，而是因为它有趣"。进行品牌营销，如果想让品牌快速传播出去，就要设计一个有趣的传播口号（广告语）。

（八）给客户留下色彩档案。给自己的品牌"描绘一种颜色"，从而在消费者的心里留下自己的色彩档案。在每个行业里面，都需要颜色占位。比如，在电视媒体行业里，浙江卫视提出浙江卫视中国蓝，占位"蓝"色；上海卫视将红色作为自己的色彩档案，占位"红"色；湖南卫视将黄色作为自己的色彩档案，占位"黄"色。

（九）形成一个符号。人们对于一个品牌的认识，到最后往往总是归结成一个简单的符号。人们看到一个"红钩"自然就会想到耐克，看到大大的"M"就会自动想到麦当劳，看到四个环就知道这是奥迪汽车，看到"被咬了一口的苹果"，就知道是苹果产品，看到"三点钟"的标志，就会想到金利来服装。

（十）讲述一个故事。讲述一个故事是一个品牌可以最容易打动消费者的方式，并且促使消费者通过品牌故事的形式来传播企业的品牌。

四、品牌营销落地执行

谈到品牌规划，许多企业觉得品牌规划工作非常虚，因为它并不像销售一样，短时间就能有看得见的业绩及有可量化指标。甚至，一些企业及品牌策划服务机构都错误地认为，品牌规划就是做品牌的策划文案、统一设计一下品牌的包装，设计一个广告就可以了。

可是，花了几十万元甚至上百万元的费用，让所谓的大师给你做一个华丽的方案，却复杂的让人没法看懂，能够用的部分也很少。许多的方案看起来非常美，而赞誉之后，到最后执行的阶段却被束之高阁。那么，移动互联网时代，如何才能够让品牌策划有效落地？

（一）品牌的产品化。品牌的背后是消费者，唯有产品被它的目标消费者认可，产品才能称得上是品牌。所以，要做品牌，首先要进行调研，找到市场中存在的机会，针对目标消费者，确立一个清晰的品牌理念以及品牌价值。这就是所谓的品牌消费者化，这个过程就是定位品牌的过程。品牌不是镜花水月，品牌要与消费者发挥联系，必须让消费者能体验，让消费者可以具体感知。实施品牌营销时，不管继承原来的形象产品，还是重新打造新的形象产品，都必须要有能够承载品牌的产品。这就是品牌的产品化。

（二）品牌价值的感知化。大米需要满足消费者新鲜、纯净、有机、安全、健康的消费需求，这些概念众多品牌都在推广，尽管消费大众有这样的需求，但是假如仅仅只给一个空泛概念，是不能落地的，这是因为消费者不能够感知到品牌的内容。品牌形象不仅来自广告，还来自销售方式。

（三）品牌形象的可视化。移动互联网时代，产品过剩，市场上产品供应十分丰富，简直让人目不暇接。同时，还是一个信息爆炸时代，又称眼球经济。人类80%的信息都是靠眼睛来获得的，所以品牌一定要让目标受众看得见。

（四）品牌内涵的契合化。内涵，这就是一个品牌的价值所在。例如，吉列树立的"阳刚、男人味"定位，海尔树立的"真诚"，可口可乐的"正宗"。这一价值与消费者的需求是契合的、可对接的，假如品牌内涵不能与目标消费者的需求利益保持一致，这样的品牌内涵就没有什么价值。当今许多品牌在这方面做的都比较差，没有明确的内涵，不能向受众传达明确的价值信息。品牌一定要有自己的文化定位。

（五）品牌传播的口号化。所有的品牌都能够传播，而且是简单、朗朗上口的口语化传播。例如，海尔的"真诚到永远"、优乐美的"捧在手心上的爱"等。品牌口号要让消费者产生共鸣，唤醒消费者潜在的消费意识，满足消费者内心的需求。

五、新品整合传播营销

移动互联网让营销力量得到了最大的释放，网络营销深刻地融入到了企业的运营模式中。戴尔公司的网络营销策略更是迎合了时代发展的潮流，利用了先进科技发展它的网络销售，打开了直销的新局面，抓住了商机。

戴尔是国际笔记本电脑销售名列前茅的公司，戴尔公司除了传统门店直接销售 PC 外，最重要的营销方式是网络营销。据专家了解，戴尔公司每年70%左右的营业额是来源于网络营销。

戴尔公司是迈克尔·戴尔创立的，创立的时候他才 19 岁。他的销售理念十分简单，依据客户的要求制造计算机，并且向客户一对一直接发货，使公司能更明确地了解客户要求，然后用最快的速度给予回应。这种商业模式省去了中间商这一步骤，减少了许多不必要的成本与时间。

直销的另外一个好处就是，能够充分了解客户的需求并对其进行直接响应。通过网络营销，商家的产品能够从最初的定位、设计、生产等阶段听取用户的要求与观点，而用户的使用心得也能通过网络以最快的速度在产品定位、设计、生产中反映出来。

不管是大型企业，还是中小型企业，都希望做品牌，但是在市场上真正把自己品牌树立起来的企业却寥若晨星，为什么企业花大成本整合推广自己的品牌结果却不理想？到底该怎样在计划时间内以比较低的成本进行整合营销推广并获得成功?

(一)主动挖掘客户的需求。整合营销传播,首先需要解决的问题就是,通过对企业自身品牌的内涵挖掘,找到消费者的需求,并进行深入研究,确定直接及潜在消费者群体,对企业品牌进行合理定位,确立品牌形象的核心,并围绕品牌核心开展工作。

(二)综合运用各种营销方式。整合营销传播可以应用的传播方式有许多,要多样化传播企业的品牌。要综合广告、公共关系及促销等各种宣传渠道,进行全方位的传播。

(三)确立形象品牌高度。企业如果想在计划的时间内,以较低的成本综合运用各种营销传播手段,将品牌形象建立到预期的高度,就要采用营销传播策略与手段,发挥叠加效应,以达到最好的效果。

(四)跟客户多接触、多沟通。整合营销传播应该综合应用不同的营销策略与传播手段,但是,策略与手段不可盲目使用,要遵循接触原则。品牌不是企业的,而是消费者的,树立品牌就是为了建立与消费者之间的关系。营销资源的整合,就要发掘和联系消费者的关键接触点,如此才能有效地接触消费者,跟消费者进行充分合理的沟通。

(五)让效果更加清晰可见。整合营销传播是一种看待事物整体的新方式,其将不同种类的方式进行重新整合,更加符合消费者接受信息传播的方式。

六、终端建设和管理

在品牌建设的过程中,不能忽视终端建设和管理。

重庆美心(集团)公司创建于 1989 年,以门业为主,投资涵盖汽摩配件、新型环保建材、房地产开发等多个产业领域。其非常重视木门行业的规模化、产业化发展，除了防盗门之外，还打造出门业瑰宝——美心木门。其借集团的管理与投资优势，结合行业的发展趋势，对美心木门的定位、形象进行了重新整合策划。

美心木门的新标与广告语"专心专艺，美心美家"，巧妙延续并融合了美心原有的品牌精神，店面形象也点点滴滴体现了品牌的定位——"现代、雅致、时尚"的品牌形象。

其实，移动互联网时代，不只是门业，许多企业都是通过零售客户终端实现了其内在价值，这是企业价值链上不可或缺的环节。零售终端是品牌价值实现的重中之重，是品牌信息传播的关键媒介，是知名品牌培育的前线。那么，企业品牌在建设的过程中，如何打造终端建设以及管理呢？

（一）终端形象的规范化。终端形象规范化主要包括三种：店外形象规范化、店内环境规范化与服务痕迹规范化。

1. 店外形象规范化。店外形象指的是门头、灯箱及招牌等部分，不同的业态规范，要使用不同的门头、灯箱及招牌样式。具体元素，除了终端店名外，还包含企业品牌、客户服务热线及投诉电话等内容。店外形象规范化，要从直营及功能终端着手推广，以"自愿"为原则，逐步普及到一般终端。

2. 店内环境规范化。店内环境指的是专卖证件、宣传资料、客服档案、行业标语和其他，应对各要素的排列摆放、张贴等制定标准。

3. 服务痕迹规范化。对客户经理日常工作拜访过程及管理人员执法过程，通过文档等方式进行痕迹化管理。

（二）终端陈列的生动化。终端陈列生动化主要是针对不同的业态设计不同的格局，包括货柜、货架、产品陈列、新品牌推介陈列、标价等元素。

在陈列的时候，要对设计元素进行统一，形成一个规范统一的视觉形象。

（三）终端信息的智能化。为零售终端客户安装信息终端智能化设备与系统，为客户经理及营销员提供智能化工作平台。

（四）终端功能的多样化。实现终端功能的多样化，要围绕提升服务能力及产品零售客户营销能力、品类管理能力、消费者跟踪能力、库存管理能力、产品订货能力等，系统地开展经营指导及专业培训。

七、打造样板市场

对于企业来讲，必须打造大本营市场。但是，因为市场的单一，企业依然存在非常大的机会风险，大本营市场下滑，整个企业业绩的也会随之下滑。所以，有进取心和发展战略眼光的企业指挥者，在打造地方名牌时，会不断滚动式发展，由点成线，由线成面，构建一个个板块化市场，让自己变得足够强大。

比如，对于区域白酒企业来讲，成功地打造一个市级根据地市场，把市级根据地连片成以省为单元的市场，就能够成为板块化市场；把板块化市场连片，也就成了全国性的市场。因此，样板市场波浪式推进的路径往往是如此：复制样板市场，形成一个板块化区域市场，最终成为全国化龙头企业。

移动互联网时代，如何打造板块化市场？衡水老白干认为，打造板块市场最好的办法是"以点带面"，面对资源及能力有限，占领板块市场比较困难的酒类企业，可以选择比较具有竞争优势、战略影响地位、容量大的区域作为样板市场，采取"区域集中突破模式"，集中优势打造一种操作上可行、见效比较快的营销模式。

对于大多数的白酒企业来讲，样板市场的定位决定着企业赖以生存的大本营市场，也可以说是对企业具备战略影响的关键市场，或者已经具备相对竞争优势的机会性市场。

所谓区域集中突破模式指的是：第一，要拥有大局观，对整个板块市场进行合理的整体布局；第二，集中企业资源与力量在局部区域成为第一；第三，集中突破相关联的区域市场，最终成为整个板块区域第一。

移动互联网时代，中国各行业的竞争环境都在不断变化，品牌营销市场不断下移及深耕，侵蚀着区域品牌市场份额。面对激烈的竞争，区域企业绝不能固守一地，打造更多的样板联动市场是未来发展的趋势所在。而打造样板市场联动的基础是，先在本地市场形成一个核心竞争的区域，再形成多个竞争区域，最后通过多个区域的联动形成攻守兼备的格局，同时有选择性地开拓外围的机会市场。

当年衡水老白干集中资源与力量突围石家庄，用三年时间将它打造成一个样板市场；2005 年，衡水老白干来到邢台，如法炮制出 6000 万元的地级市样板市场；2006 年，衡水老白干南下邯郸，形成了一个以"衡水—石家庄"为中心、沿京九线南下、横向往西北方向发展的板块化格局。

第三节 移动互联网时代，品牌建设的四个阶段

一、认知阶段：实现渗透覆盖

企业在打造品牌认知度的阶段，需要对目标受众进行大面积覆盖，广而

告之。在这个阶段，企业往往会通过实时竞价的广告技术来进行人群定向，找到的目标人群，让品牌和人群进行点对点的触达与匹配，用低价的大量曝光进行强力渗透，迅速打开品牌知名度。

传统消费品在新品上市时，会事先提出产品概念，并对其进行详细的调研与数据分析，之后通过消费者的反馈意见进行最终确定，做好产品定位之后，再基于这个进行新品开发。可是，在实际操作的过程中，通常会受到时间、预算等条件限制，找到的消费者不一定是真正的受众人群，即使通过层层问题筛选出来的消费者，也极有可能出于一些心理考虑而无法准确回答问题，甚至回答时仅凭自己的记忆，并不是当时的实际情况，数据的真实性就会受到影响。

移动互联网时代，用户在使用产品时会留下数据信息及使用行为轨迹，进行需求分析时，会更加准确地定位目标人群，并通过大数据分析更加真实深入地了解用户使用中的反应与问题。例如，小米手机的开发，就在社群中充分讨论了用户的需求与体验，开发出的产品自然就会获得大众的喜欢。

传统消费品的概念调研也应该注重数据化及社群化，根据过往的销售记录与会员人群数据进行分析，利用微博、微信等社群聚拢一批年轻用户对概念、产品进行讨论、试用并且收集反馈。唯有真正关注的受众人群才会真正主动参与进来，提出改进的意见。通过这些方式对目标人群进行锁定与研究，才能在产品的概念阶段选对正确方向。

找到消费者的特点后，要基于数据的收集分析，选择消费者最为关心且能够区别于竞争对手的特点，进行差异化及极致化的定位选择。

如今，许多消费品企业都将产品的卖点总结得非常多，例如，某个椰汁品牌的产品包装上罗列了五个卖点，让人一头雾水，不知特点是什么。在开发产品时，要面对大量的用户，这就需要产品有自己的特点，企业要在时间、资源有限的情况下把目光放在关键需求上进行开发，实现其差异化、极致化。

唯有差异化才能在竞争中取得优势，唯有极致化才能真正击中用户的心，例如，微信聚焦于朋友圈子的社交分享，就避免了微博中的公众信息及广告侵扰，拉勾网聚焦于移动互联网圈子求职而成为同类网站的第一品牌……传统企业在产品定位的时候首先要做好产品的差异化，进而逐渐变为极致化，才能在激烈的红海市场中找到属于自己的蓝海。

王老吉在做产品定位的时候，发现凉茶的功效非常多，搭配不同的成分又会有不同的功效，如止渴解热、清肝排毒、清热利咽、健脾开胃等，但是王老吉只将"下火"作为核心卖点突出出来，只开发一个单品，就成就了百亿销量的品牌。

二、美誉阶段：着重树立口碑

产品的美誉其实就是树立产品的口碑。在打造美誉度的阶段，社会化媒体扮演了一个小兵立大功的角色。通过社会化媒体的精心设计及深度沟通，就可以在目标受众心中建立起一个品牌与产品的差异化价值，吸引受众主动通过社会化媒体传播品牌精神，建立良好的口碑，为品牌累积美誉度。

"笨NANA"开始在香港上市时，因为深圳网友发的一条微博而走红。随即，"那些年，我们一起吃过的'笨NANA'"之类的话题便在微博上获得超高的点击率。

其实，在产品上市五个月前，雀巢与奥美就开始了互动合作。这款产品从最初在香港上市，到进入内地各大城市，雀巢通过微博上的趣味话题引导人们积极讨论"笨NANA"，在人们心中埋下期待的"种子"，并将它打造成一款具有时尚、趣味"标签"的产品，刺激消费者的神经，让网友代言"笨NANA"，主动传播与"笨NANA"相关的话题，最终让晒"笨NANA"成为一种时尚。

之后，雀巢又和腾讯进行合作，搭建了与产品风格及定位非常匹配的"笨NANA岛"活动网站，为"笨NANA"定制了多款flash的游戏，将"笨NANA"巧妙地植入其中，很好地与游戏情节结合在一起。

"笨NANA"的营销活动及选择的合作对象都非常准确地抓住了产品的核心受众群；同时，利用视觉推广将"笨NANA"的卖点发挥到最优，给潜在客户带来了直观刺激，激发起了客户想要尝试的欲望。当然产品的新颖设计也十分吸引消费者。

在移动互联网时代，企业切不可忽视口碑的力量。雀巢从一开始就确定了细致长远的推广计划，为消费者的口碑传播进行引导与推动，使得广大用户成为雀巢"笨NANA"的代言人。而之所以可以使网友变成口碑的代言人，主要在于雀巢在社交网络上做过非常深入的市场监测及分析研究，了解市场，了解消费者，让产品形象、定位、推广手段、推广媒体都非常精准，营销效果自然也不会错。

对品牌来说，口碑一直都是其追求的目标。原因非常简单，好的口碑可以获得消费者的认可甚至好感，长期的好口碑更可以使企业的正面形象在消费者口中不断传播，扩大品牌影响力。

不论营销活动做得多精彩，依旧要将消费者的需求放在最重要的一位，实时监测消费者对活动、产品与品牌的反馈，并且及时进行宣传引导，维护品牌口碑。

三、转化阶段：加大搜索营销投入

效果转化阶段，也是品牌客户非常看重的阶段。在这个阶段，搜索引擎的关键词广告充当了品牌与产品销售"收网者"的角色，能够保证实现广告效果的实际转化。

移动互联网时代，搜索营销以排名第一的使用率与可以精准定向的技术，被很多企业认可并持续加大投入。传统广告"大鳄"宝洁公司，在 2008 年经济危机后，把广告投入的性价比作为重心，将更多的广告预算倾斜至性价比更高的移动互联网广告。

2012 年 5 月，宝洁副董事长葛斯勒和大中华区总裁施文圣拜访了百度，并代表宝洁中国和百度达成了在数字营销上的战略合作伙伴关系。这一事件对搜索引擎有着不可忽视的意义，有力地证明了搜索引擎同样是不可小觑的品牌营销阵地。

搜索引擎的出现，不仅颠覆了人们获取信息的方式，也改变了人们在消费中的决策流程。从早期的 AIDMA（注意、兴趣、欲望、记忆、行动）到今天的 AISAS（注意、兴趣、搜索、行动、分享），搜索在消费者购买决策中都占据着非常重要的地位。

有些消费者通过主动搜索深度了解品牌和商品，建立深度认知，从而采取购买决策。而基于人们目的明确地主动查询，网络广告也能够从单一的推送方式演变成了拉动式广告。

从全球范围来看，85% 以上的网站都是通过搜索引擎被人们找到的。对于大部分企业来说，通过优化网站来提高搜索引擎自然结果排名是一项漫长且技术性非常强的工作。

搜索引擎关键词广告，可以帮助企业快速锁定用户需求，有针对性地将用户导入到自己的网站中；对于那些正在开拓市场、品牌和域名还没有在消费者心中形成认知的企业来说，关键词广告和更加系统的搜索营销，更是其锁定目标市场、扩大品牌高性价比的营销渠道。

在营销实践中，很多国内企业因为规模比较小，预算十分有限，不敢轻易尝试网络广告。但实际情况是，不论推广网站是否令消费者能够快速找到品牌官网，消费者每天对品牌以及商品的检索都是实实在在存在的。放弃在搜索引擎上信息的呈现，就意味着，不仅放弃了第一时间为最精准的目标用户提供一个快速的入口，更是为竞争对手提供了一个抢走目标用户的机会。

所以，做好网页搜索广告及自然搜索优化，对企业来说，是最为基础的搜索营销手段，一方面可以减少预算，另一方面可以有效地避免品牌资源的流失。

四、二次营销：实现访客找回

移动互联网时代，产品与服务供过于求，买方市场逐渐成为社会的主流，企业间的竞争如今已经从产品或是服务的竞争转向对有限客户资源的竞争，尽管现在企业间的竞争更多地表现为品牌的竞争、广告的竞争、价格的竞争等方面，然而实质上都是在争夺客户罢了。

二次营销，实现访客找回，实质上就是对客户的经营管理，实现对客户的"再营销"。所谓的"再营销"就是通过之前对品牌官网上有过访问或之前有过注册行为的用户，进行再一次营销，产生持续长久的影响，这也是很多品牌进行消费者忠诚度培养的一个重要步骤。

房地产领域竞争逐渐进入白热化阶段，花一大笔钱在展会上建一个样板间来招揽客户的做法已经无法取得理想的效果，在电子商务时代，房地产企业都在努力用新的方式吸引客户。

企业从一诞生起就注定与客户息息相关，没有客户的购买行为，企业就无法生存；没有客户的持续购买，就没有企业的发展壮大。所以，可以这样说，客户是企业的"衣食父母"，是企业利润的源泉。

企业拥有的客户越多，就越有可能获得规模效应，就越有可能降低为客户提供产品或服务的成本，在竞争中处于优势地位。同时，假如企业拥有的客户众多，还会给其他企业带来比较高的进入壁垒——市场这个"蛋糕"的尺寸是固定的，你拥有的客户多了，这也就意味着其他企业拥有的客户少了。

因此，企业在品牌建设的时候，一定要进行"二次营销"。换句话来说，其实就是经营客户。相同的客户，在各个时期、不同地点有着不同的需求管理，要快速促进客户之间关系的转化。当然，要想让客户成为自己的粉丝，企业就要持续不断地维系与客户之间的关系，持续跟进每一位客户，留心并抓住更多的商机，让客户的价值最大化。

第四节　移动互联网时代下，品牌打造的五个步骤

一、先做极致口碑

移动互联网时代，核心思维就是对消费者保持高度关注。只要消费者感到满意，就会通过社交媒体进行评价或是分享，这也就变相成为企业的传播

人员，通过他们的传播从而影响其他消费者群体的购买决策。

以前我们总是说最好的营销就是口碑的营销，做 100 次广告不如熟人的一个推荐。但是过去的传播力度不够好，口碑营销非常难以真正实现。如今移动互联网以及社交媒体让每一个消费者都成为了一个传播平台，完全可以把口碑营销做到极致。

宜家成立 30 周年时，创始人英格瓦·坎普拉德在媒体上发表了《一个家具商的誓约》，文章中说："真正的宜家精神，是依据我们的热忱，我们持之以恒的创新精神，我们的成本意识，我们承担责任和乐于助人的愿望，我们的敬业精神，以及我们简洁的行为所构成的。"宜家的使命就是"为大众创造更美好的日常生活"。宜家不是从产品的本身出发，也不是从商品的品牌出发，而是从广大的消费者出发。这种出发点，造成了如今它成功的局面。

宜家对于零售，特别是家具零售的模式，与其他品牌有很大的区别，这在竞争中非常有优势，并在自己独特的商业模式上提供最极致的体验。

宜家的扶梯外面有个保护装置，是为了防止儿童乘电梯时出现意外。可想而知，当家长看到如此贴心的装置怎么能不对宜家产生好感？在床垫的旁边或沙发上面，能够看到这样的温馨提示：请躺下（坐下）试试。而在国内很多卖场，你往往最经常看到的是：非买勿坐，不买勿摸。看到这样的"警告"，人的心情就会变得非常糟糕，只想立马掉头走掉。

除此之外，宜家合理的商场布局也给消费者留下了很好的体验，获得了极致的口碑。任何一个宜家商场，呈现在消费者面前的都是非常舒服的空间搭配及产品展示。这些搭配都是经过强大的数据分析，与店长及团队资深经验、本地化调查研究才设计出来的。只要一进门，就会看到经过无数次测试而选定的产品，各种风格及定价的样板间就会冲击你的视觉体验，让你产生购买的欲望。

宜家商场的宗旨是让更多的游客变为自己的客户，让客户买更多的东西。宜家从产品、商场布局等各个方面，都在实践这一理念。很多人都把逛宜家当成是一种日常生活享受，这就足以证明宜家在这一方面做得很成功。宜家也正因为有这样的服务，才获得了业界良好的口碑。

极致的产品。没有好的产品，一切都是空谈。移动互联网时代，企业如何才能做到极致？

其一，小而精。假如一年推出几百种产品，要把几百种产品做到极致，非常困难。但是假如一年只主推几种产品，就能够将这几种产品做到极致。

其二，确定好边界。品牌都要有一个边界，一个品牌只能够代表一类消费群，并不能代表全部的消费者，因此，要有所界定与取舍，例如，娃哈哈做地产也做超市，甚至还做童装，但并都不是所有的都很成功。

其三，快速革新与升级。任何一个消费者都不希望看到毫无创新的产品。

二、由极致口碑形成忠诚度

要想获得消费者的心，首先要做到极致的口碑，然后就是要形成一定的忠诚度。

有些人说，移动互联网时代是消费者中心化、没有权威、媒体碎片化的时代，大家都是"权威"，是媒体，这话有一定道理。但笔者认为，移动互联网时代同样需要形成品牌忠诚度，塑造伟大的品牌形象。

一家化妆品公司坐落在一个人口百万的大都市里，而这座城市每年的高中毕业生非常多，公司老板想出一个好点子，从此他的生意便开始蒸蒸日上。这些刚刚毕业的学生，不论是就业还是深造，都将开始一段新的旅程、一个崭新的生活。他们会脱掉自己的学生装，开始学习修饰及装扮自己。

老板了解了这个情况后，每年都会为女学生举办一次服装表演 party，聘请知名度比较高的明星或模特儿手把手地教她们美容的方式与技巧。在引导她们欣赏及学习的过程中，老板还会利用这一机会宣传自己的产品，party 结束后他还会向女学生赠送一份产品。

参加 party 的女学生，除了能欣赏到精彩的服装表演外，还能学到很多美容美发知识，又可以得到奖品，满载而归，皆大欢喜。所以，很多人都对这家化妆品公司产生了好感，哪还有不去的道理？据说每年参加这个大 party 的人数，占全市女性应届毕业生的90%以上。

在学生获得的纪念品中，会附上一张申请表。上面一般写着：假如您愿意成为本公司产品的使用者，请您仔细填好这个申请表，并亲自交回本公司的服务台，这样您就能够享受到公司的很多折扣与优待。其实学生在交回申请表时，或多或少都会买一些化妆品回去。

这样的方式，对这家公司来说，真是一举多得。不仅开发了新消费者，也实现了提高消费者忠诚度的理想。

彼得·德鲁克认为"消费者是唯一的利润中心"，帕累托的二八定律里提到："企业营业收入的80%是来自20%的消费者"。因此，在移动互联网时代下，企业需要用互联网思维重新构建客户的忠诚度，以组合、流程以及技术来创新忠诚度计划。

（一）以用户为中心。互联网思维最重要的要素就是用户思维。所谓用户思维就是，在价值链的各个环节都必须"以用户为中心"去思考问题，重视客户。

（二）主动关怀客户。客户关怀的目的就是为了增强客户的满意度及忠诚度。客户关系管理（CRM）把客户关怀相关的营销变量收纳到其中，使客户关怀这个十分抽象的问题可以通过一系列相关的指标来进行测量，便于企业快速调整对客户的关怀策略，使客户对企业产生了最大的忠诚度。

（三）聚焦社会化商业。企业应该不断地对客户进行跟踪、度量及沟通，不要只局限于运作的指标，具体方法有：改进客户体验、提高客户终身价值。

（四）掌握大数据分析方法。大数据思维是改善客户忠诚度的一项重要技术，企业必须要有大数据思维。用户在网络上大多会产生信息、行为、关系三个层面的大数据，把客户产生的这些数据存于 CRM 系统中，通过对这些数据的分析，就可以帮助企业进行预测与决策。

三、从忠诚度到更大的美誉度

品牌美誉度是品牌力的一个重要组成部分，反映了用户对某一品牌的好感和信任程度，是移动互联网时代企业形象塑造的重要组成部分。移动互联网时代，如果要打造最具知名度的品牌，就要在关心用户忠诚度的基础上，重视美誉度。

51 信用卡管家最初的名字叫作 51 账单。这个应用在很短的时间内，就获得了将近 500 万次的曝光，APP 排名直线上升到前四十，这是怎样做到？

"看了闺蜜的手机，瞬间想嫁人了。这是她老公出差前帮她设置的……"这是来自 51 账单一名爱妻达人潭理想的手笔，艺术创作来源于生活。可是，内容策划好之后，究竟如何运作呢？这让 51 信用卡创始人孙海涛夜不能寐，思考许久。

创意结束后，51 账单公司找到最风尚的一个编辑，这个编辑看了之后给出了自己的建议，本着省钱的原则，他决定让下面一小号转发看看效果。结果，发布出去仅仅几分钟，就达到了200多的转发量。

之后，海涛便开始造势并进行大量投入，号召全公司的同事来进行转发。海涛向QQ上500个好友一个个发转发邀请与链接。直到草根大号——冷笑话精选也转发了，之后便有2000多的转发量。

很快海涛又想出一个策划，按照桌面的图标及各类应用虚构了一个貌似他们自己的转发内容是"有我＋鼓掌"。其实，这是一个小技巧，没想到许多人误以为真，纷纷转发，成了移动互联网上知名官方微博参与度最高的案例。网友戏称这是官方集体进行卖萌。

这个活动，所有转发的大号粉丝加起来至少有2个亿，有30万左右的转发量，估算一下至少有个500万的曝光率。

自从新浪推出微博后，一直受到人们的关注。之后，搜狐的加入，更让微博之争进入到了白热化的阶段。微博是最聚集人气的地方，必然会成为众多知名企业争抢的地盘。

种子用户积累到了一定程度，就要向更大的消费群进行扩大。这才是最关键的一个环节。口碑、忠诚度的消费群都是小范围的，也是我们能够控制的。

小米的粉丝从100人发展到1000人，但是假如要达到1万人或10万人，甚至是上百万人，需要如何做？

其一，社会化媒体的参与。假如微博对于陌生人之间的营销与话题性炒作或传播效果不错，就会引发事件在陌生人之间迅速进行传播。

其二，"引流"到目标消费群体上。一般通过活动形式进行开展，例如，微博抽奖、关注转发并可以参与抽奖等手段，不仅内容有趣也非常好玩。

四、从美誉度到更广泛的认知度

从美誉度到更广泛的认知，其实就是要让传统媒体参与进来，利用传统媒体的优势，更广泛地覆盖消费群体。借助传统媒体进行传播，特别是免费传播，为品牌的继续强化服务。

褚橙如何火爆，成为"励志橙"的？一个普通的橙子，因为被冠以了褚橙的名字，却意外引爆流行成了"励志橙"，在电商大战中激发情绪波澜，既令人惊讶，却也并非偶然。

"励志橙"是一宗典型的引爆点事件，其"附着力因素"是昔日烟草大王褚时健75岁再创业，十年后褚橙首次进京，媒体报道后，王石、徐小平等名人微博转发，引发热议。

我们不妨来看看：

2012年10月27日第一篇报道出炉：《褚橙进京》，写了85岁褚时健汗衫上的泥点、嫁接电商、新农业模式……该媒体官方微博发了文章后被转发7000多次。王石也进行了转发并发表评论："衡量一个人的成功标志，不是看他登到顶峰的高度，而是看他跌到低谷的反弹力。"他用巴顿将军的语录诠释，再次引起近4000次转发。王石对褚时健由衷致敬，曾多次公开说，他最崇拜的企业家是褚时健。

一件简单的小事瞬间被无限放大。2012年11月5日凌晨，订单纷至沓来。前5分钟800箱被抢购，当天共卖出1500箱。生活的其他商品，水果、柴鸡蛋、有机牛奶、新鲜猪肉等的销售也被带动，网站订单量达到以往的三四倍。

2012年11月12日，电商"双11"大战第二天的早上，网民还沉浸在淘宝 191 亿元的疯狂中，QQ 弹窗忽然弹出了"励志橙"的消息。本来生活的网站流量瞬时激增，平均每个客服接听了 300 多通电话。晚上七八点，他们开会商量准备进第三车褚橙，订单又猛增 200 多单。这一天，褚橙的卖点已变成"励志橙"，本来生活销售的褚橙单日订单量过了 1000 单。

接着，褚橙热持续发酵。"这哪是吃橙，是品人生"，"品褚橙，任平生"……不光在微博上，在一些公司活动、媒体年会、企业家俱乐部，都能看到褚橙的身影。很多企业家都发表吃橙感言。柳传志说："我吃这个橙子时，立刻想到的是我应该给褚时健写封信表示感谢……虽然他有错误，但制度和大环境也应该总结教训，企业办得好不好，一把手至关重要，不要杀了能下金蛋的母鸡。"至此，褚橙效应到了第三阶段卖点"褚时健倾橙北京"，"倾橙有两层意思：一是橙子销量一直在突破，二是越来越多社会精英都在为褚老的精神所折服"。

经过前期周密的策划，褚时健的曲折、励志人生、微博大 V 的自动转发，褚时健的名人效应迅速放大并跟褚橙建立了联系，迅速成为微博热点事件，传统媒体快速跟进，一场免费的报道扑面而来……

五、从认知度到全部受众的知名度

移动互联网时代，将线上和线下结合起来，就可以打造一个在全社会有影响力的品牌了。这时，就要让央视等全国知名的传统电视、杂志、报纸等媒体平台参与进来。

比如，小米手机从诞生之日起，从来都没有在传统媒体上打过一分钱的广告，直到 2014 年春节联欢晚会才在央视一套打出了第一个形象广告，这时，是品牌全面覆盖消费者的时候，也是移动互联网时代品牌建立的最后一步，小米快速且成功地建立了一个公众品牌。

从品牌营销的角度来说，前面的五个步骤不是孤立存在的，但从企业价值、消费者价值的角度上来说，知名度绝对不是品牌的初级阶段，而是品牌的终极阶段，需要不断扩大。

美誉度、忠诚度虽然可以有力地促进口碑传播、带动销售，但知名度覆盖达不到全体受众，就不会成为一个全社会有影响力的品牌，只有让更多人知道，才有获得更多的销售机会，没有知名度一切都是空谈。那么在产品推广中，如何提升产品的受众度呢？

（一）做好足够的前期准备。首先，应该做好前期市场调查工作，为产品的有力发展奠定良好的基础。要通过市场的走访调查，了解现在市面上其他产品与自身产品的差距，并进行探讨和研究，对市场上已有的同类产品进行改良，不足的地方则加以改进，也可以有一番大胆的创新，重点找出自身产品的独特优势，然后在具体操作过程中宣传产品的独特亮点。

其次，保证产品的的质量。产品质量是企业品牌的核心和灵魂所在，质量过硬但却知名度低的产品就像是一颗没有发光的金子，可是是金子总会发光，所以要想真正永久不衰、广为流传，产品质量才是硬道理。只有在用户心目中树立了好口碑，通过人们的口口相传，才能为产品免费做广告。

最后，做好产品的售后服务工作。产品质量影响着产品能否销售出去，而产品的售后服务则影响着产品能否带来回头客。做好售后服务，可以提升产品的认可度；而产品认可度高，也就意味着会有更高的知名度。

（二）不能忽视了后期推广。做好了前期工作，打好了基础，就要开始为自己的品牌铺路了，接下来就是产品后期的宣传。要提高产品知名度，宣传是必要的途径与手段。通过媒体广告做宣传，这是目前还比较普遍存在的一种宣传方式。

媒体广告主要分电视媒介和网络媒介等一些为企业产品做宣传的平台，它们对提升企业的产品知名度是非常有效果的。可是，电视媒介的费用要远远高于网络媒介的费用，网络的覆盖面也比电视的覆盖要广，宣传的传播速度是任何媒介所不能比拟的，相比之下，网络媒介自然是企业提升品牌知名度的不二之选。

第五节　移动互联网时代，品牌管理的基本策略

一、网络广告策略

无论是在传统发展时代的广告，还是在移动互联网时代的广告，对于品牌知名度的打造都是非常重要的。移动互联网时代投递广告的方式也具有很强的多样性，包括网幅投放、文本链接广告、电子邮件广告、富媒体广告、视频广告等。

有些企业通过不间断地对网络广告予以关注，并针对产品的特性将一部份广告预算花在网络上。网络广告的效果会随着网络的成长、成熟，广告形式的丰富被更多的企业所认可。养生堂公司就是其中之一。

作为较早尝试网络广告投放的传统企业，养生堂不断地探索传统企业如何与网络合作，并借助网络这个新兴媒体达到传统媒体所不能获得的广告效果。分析养生堂与网络广告合作的案例，对传统产业如何与网络进行合作有

不少的借鉴作用。

综观养生堂公司近年来与网络新兴媒介的合作，可以概括出以下几个特点：

（一）接触网络的时间比较早。作为一种新的广告形式，网络广告最早起源于 1993 年的美国，在我国是 1997 年出现的。由于网络交互性及范区域性的特点，网络广告具有电视广告和报纸广告不具备的优势。养生堂第一次接触网络广告是 1999 年底，那时候，网络广告向来是 IT 产业及国外大公司的天下，国内的消费品很少涉足这一领域。而养生堂旗下的女性产品朵而和农夫山泉，已开始与网络公司的广告合作。

（二）把握热点，瞄准靶心。网络的时效性是毋庸置疑的。因为网络，世界同步。

农夫山泉曾经的网络广告投放正是抓住了奥运会的契机，而其选择的合作媒体新浪网正是 2000 年悉尼奥运会中国官方合作网站，自然吸引了众多网民的眼球。

清嘴含片是养生堂在奥运会开幕那一天正式上市的休闲小食品，目标消费群年轻、追求时尚，容易接受新事物。无论是工作还是生活休闲，移动互联网对于这一消费群都是举足轻重的。因此，从清嘴含片一上市，除了传统媒体的广告投放外，网络广告成为清嘴含片广告策略和媒介组合中重要的一环。

对于传统产业的企业来说，怎样挖掘产品本身具有的时尚性，通过网络这一消费人群相对集中的媒体来传播？要重视网络广告形式的多样性。这也是养生堂将网络广告作为传统广告有效补充的理由。

二、正确利用搜索引擎策略

李彦宏曾在百度世界上说:"搜索引擎决定你是谁。奥巴马是什么样的人,他的政见如何,别人怎么看他?如果人们有这样问题,几乎都会到网上搜索一下,网上的信息很大程度上决定了选民对奥巴马的认知,从某种程度来说也决定了未来的美国总统是谁。"

一次,一个客户来找,想让我帮忙为目前的网络危机提供解决方案。一个学员组织了一批自己的学生不断到处发帖说他们骗取学生的血汗钱,结果在百度搜索公司名称时,搜索引擎前几页充斥这个事件网页。

该公司一共培训了5万多学员,大部分都是三本或专科学生,而且很大一部分是找工作比较困难的人,尽管如此,培训后的就业率高达93%。另外,该公司首创为学生提供先培训后付款的办学模式,可以让学生找到工作了再按月付培训费。

可是,还存在一些教不好的学生。这次发帖的组织者,其实参加完培训后已经找到了合适的工作,只是觉得不够好,换了几次,自己都不满意,所以组织了一批人想通过某些目的来让培训公司退还学费。

我们且不关注这件事情的来龙去脉,从中可以得知,搜索已经逐渐成为人们上网的主要形式和形态,更是品牌推广与管理的重要渠道。利用搜索引擎优化的方式宣传品牌的正面信息,同时挤压负面信息,达到品牌宣传的目的。

美国联合航空公司曾充分利用搜索营销手段,在消费者形成机票购买决策前就与之充分互动,将消费者最想预先知晓的机票信息做最有效的传达,在广告预算没有增长的情况下,搜索营销产生的销售业绩增长超过两倍。

美联航空通过调研了解到，65%的消费者在做出旅行决定前会进行至少3次的搜索，29%的消费者会进行5次以上的搜索。而用户关注的信息主要体现在三个层面：价格、服务和关于航空公司的详细信息。针对这三个层面的信息，分别对关键词的选择及结果的呈现方式做了优化，就可以让消费者在决策前知晓相关的信息，带动了机票销量的促进。

搜索营销能够告知消费者在购买周期内关注的细节是什么，只要把握这些细节，就能提升消费者的信息传达能力，优化这些信息的呈现，有效促进品牌的销售。

三、网络公关策略

记得在汶川大地震刚刚发生不久，一位编辑写了如下的文章评论：所谓"灾难营销"还是不要这么叫的好，企业责任心与社会责任感并不能仅仅在出现在灾难的时候才显露。

危急时刻的雪中送炭足以快速帮助一个企业树立良好的口碑，在大灾难面前迅速地伸出援手，是企业社会责任感的体现。但如果以"营销"为目的，而非发自肺腑的自愿，只会让企业蒙受更多的指责。

"慈善营销"大行其道的时候，很多企业趋之若鹜，可是为什么后来做"烂"了？不是因为社会道德的沦丧，而是因为企业为了"作秀"而"慈善"。

比尔·盖茨把慈善当作毕生的事业，其多年来建立的慈善公益形象不是简单的一两个善举或者一两个天文数字所能涵盖。李嘉诚常年慈善，没有人会关注某一个大灾难面前他会不会伸出援手——慈善已经成为李嘉诚的一个优秀品质。

如果一两个灾难就可以帮助企业树立它所期望的社会责任感形象，那么企业也只能得到短期的声名远扬，时间长了消费者一定会明白事实的真相。

品牌的铸就需要经历一个漫长的过程，企业的公益形象也应该发自肺腑地经过长期积累。王石和万科因为捐款过少而被网友抨击，有些人觉得王石很可怜，可是笔者却认为，慈善不是一朝一夕，慈善不是大喇叭喊出来的。

移动互联网时代，企业的品牌推广与管理，网络公关必不可少，如果仅仅是做品牌的竞投与推广，忽略了名誉问题，会给品牌推广带来重大负面影响。没有好的名誉，就无法建立好的品牌。所以，在推广建设时，一定要融入公关策略，要具备一定的危机预警能力。遇到突发状况，线上线下要在第一时间配合，及时解决，防止品牌出现污点。

（一）稳定心神，冷静对待。遇到突发事件的时候，要保持冷静的头脑，心平气和地去面对负面信息、研究负面内容，找到消费者发布负面信息的动机和缘由，正确地解决存在的问题。如果这个问题确实存在，就应该向消费者道歉，从道德层面和思想上得到消费者的理解和宽容，并且找到解决问题的方法，向所有消费者保证这样的错误以后不再出现。

（二）做好善后处理，游刃有余。对负面信息的处理，得符合必要性和合理性。必要性是因为负面信息或多或少会对部分不明真相的消费者造成误导，进行负面信息的处理可以减少这种情况发生的可能性；而合理性在于，前面已经做过处理，这时候的负面信息处理是善后工作。

（三）实施监督，有的放矢。移动互联网时代信息万变，可能刚处理完的负面信息又会死灰复燃，一时大意，就会带来新的麻烦。因此，要随时监督企业相关信息，防止新的负面信息出现。

　　网络公关是每个企业都必须面对的问题。对于企业来说，成长的道路肯定不会一帆风顺，如何正确地面对和处理企业发展道路上的网络公关问题，是一个极具挑战性的工作。可是，只要按照上面的三种方法来做，就会很好地处理好企业面临的各种网络危机。

第三章

移动互联网时代，如何重新定义品牌定位

第一节　品牌定位的重要性：品牌定位准确，产品才能卖得好

一、通过品牌建设和企业文化打造企业客户和员工满意的利益共同体

优秀的企业一般都会奉行利益共同体原则，使消费者、员工与合作者都满意。

在华为，合作者的含义是广泛的，包括与企业利害相关的供应商、外部厂家、研究机构、金融机构、人才培养机构、各类媒介、政府机构、社区机构，甚至现在的一些竞争对手在将来都有可能成为公司的合作者。

双赢的利益共同体理论是华为在管理中形成的最具有特色性，并延伸至企业管理的诸多方面的管理理念。从内容上看，这一理论就是奉行"利益均沾"的原则，把价值创造中涉及的各主体都当作是价值分享的对象。也就是说，除了把自己作为组织整个价值创造的主体，分享创造的价值外，供应商、员工、销售对象，都能从华为这一价值链创造中用不同的形式和方式分享价值。

比如，华为专门建立了一套有助于及时发现问题并解决问题的对账制度。为了方便供应商对财务状况的了解，华为运用财务付款自动传真系统，每周都会将目前的付款情况通过传真及时通报给供应商，这样供应商就可以对应

收款核销，及时掌握回款进度了。

此外，华为还打破了过去一直采用的每位会计各管一块的模式，设立了统一的供应商接口平台，委派专人负责，接收供应商的发票、回答供应商的各种咨询。

华为还非常重视员工利益共同体，不仅给员工提供了同行企业排在前列的待遇，还通过知识参与分配等多种形式跟员工一起分享价值。比如，员工可以根据自己的工作年限认购公司内部股；年终的时候，根据企业利润率，员工还可以分得一笔可观的奖金；为员工提供一流的园区设施……在利益共享的原则下，众多著名高校毕业生和业界优秀的通信人才纷纷加入华为，极大地充实了华为的人才团队力量。

从整体上讲，华为与员工的利益共享做得相当成功。给员工提供一定的利益空间和发展空间，就是在给自己的企业提供生存和发展的空间；给员工的利益空间和发展空间有多大，就意味着自己的企业生存和发展的空间有多大。

移动互联网时代，是以智取胜的时代。商品物资虽然异常丰富，但人们的精神世界却越来越空虚，很多企业都会用工具制度将员工框在一个固定的位置。那么，如何才能让企业健康发展呢？对内抓源头，即关注并重视老板的灵魂、员工的灵魂、产品的灵魂、企业的灵魂……实现了员工满意的最大化，就能赢得消费者满意的最大化；实现了消费者满意的最大化，就能赢得企业效益的最大化……彼此组合在一起，就是一个利益共同体。

二、再小的个体，也有自己的品牌

移动互联网时代，随着智能手机的逐渐推广，微信用户也迅速席卷全球，势不可挡。移动上网用户已经远远超过电脑上网用户，人们可以随时随地便捷地获得网络信息，因此，一些小的个体如微信代购或者小店也成了微信未来的聚宝盆。

微信代购、小店做的都是细分行业，培养市场，把每个小型企业或者个人串联起来，即使是再小的个体，也会有自己的品牌。

王凯是原中央电视台（CCTV）一位著名的主持人，曾在微博上发过这样一条消息："每个主持人都有一大堆淘汰下来的出镜装，也有很多朋友问过我能不能买到一模一样的。我突然有个想法，开个网店。把每件衣服配上原主持人的出镜照片在网上卖掉。然后把钱捐给民间慈善团体。"

微博发出后，立刻便受到了同行的热烈响应和网友赞许。王凯在分析客户需求的基础上，最终将这一公益活动的品牌确定为"爱心衣橱"，将资助方向确定为"为贫困地区的孩子制作防风、防雨、防寒且美观的服装，扶持孩子们的艺术教育和审美教育"。

移动互联网时代，你或者员工都有可能成为一个独立的品牌。你和员工会联合建立起一个品牌矩阵，会通过各自独立的方式向不同的受众展示官方品牌和你自己。

今天，一个餐厅可以有美女董事、有帅气的店长，有妈妈烘焙厨房的实体产品，有妈妈宝贝营养计划……移动互联网时代，每个人都可能成为一个品牌，成为大品牌矩阵之下的一个支点。

如果你是一个对孩子营养有独特见解的妈妈，就可以用公众微信号告诉大家每个年龄阶段每个孩子该吃什么，不该吃什么。

如果你是一个烘焙厨师，就可以找一个线上的社区，联合朋友一起热烈地讨论烤儿童饼干、做卡通点心的方法。

如果你对辨别真假烟酒有研究，就可以为担心买到假烟的人提供帮助，引导他们成为你的忠实粉丝。

移动浪潮突袭的市场，与其在红海中与数以亿计的人争夺一块大饼，倒不如一个人安静地守着一块细分市场的小饼。构建好的壁垒，守住几百个忠诚粉丝，你也可以活得很精彩。

"文怡厨房"是一个小而美的品牌，主要是给用户介绍"做菜"，发展得如火如荼。其通过视频、微博、电视节目、微信公众号、博客等渠道为用户介绍"做菜"知识。参加聚餐时，文怡会一边拍美食，一边在微博里对比各种美食馆中的菜色。切水果时，她会把小窍门发在微博上，配上切好的芒果图片。

文怡还会在博客上告诉大家怎样在家自制盐卤豆腐；会将彩色不粘锅的保养清洁方法告诉朋友们；会教给大家一些炊具选择和收纳的知识，会手把手地教给你怎样用陶锅煮好一碗米饭……

只要有人的地方，就会有品牌意识。无论是个人，还是企业，只要你需要交际，需要营销，需要活动，就会打上品牌的烙印，任何时代都是如此。

三、品牌营销力是判断创业者是否值得投资的三项能力之一

品牌力是一种看不见的力量，更是一种摸不着的力量，是企业知名度、美誉度和诚信度的有机统一，对销售及长远发展有着重要影响。企业要获得发展，就要有清晰的企业定位，选择目标群体，建立品牌价值，创造有竞争力的产品，不断地扩大自身影响力。

2015 年，米其林再次荣登"2014 年中国汽车轮胎行业'C - BPI'（China Brand Power Index）品牌力评选"的榜首。这一评选由工信部联合中国企

业品牌研究中心及直属研究咨询机构联合发起，这是米其林连续三年蝉联此项荣誉。

2011 年 C - BPI 首次启动，是一个连续的年度调查项目，是国内首次针对行业类别实施的研究，是测定影响消费者购买行为的品牌力指数，也是消费者和企业信赖的品牌评价制度之一。米其林凭借其卓越的品牌形象和良好的消费者口碑，赢得了市场的高度认可。

据第三方数据统计，米其林的品牌价值已经高达 46.5 亿美元，在"全球最负盛誉的百家企业"中排第 15 位。"米其林轮胎先生"不仅神态憨态可掬、众所周知，更是激发公众对米其林品牌情感共鸣的便利桥梁。在中国，米其林的品牌认知度也高达 90%，丝毫不逊色于米其林在其发源地法国和欧洲所获得的认可。

为了进一步秉承百年企业品牌文化和使命，米其林在中国不断开展丰富的活动，致力于提高货物及人类的可持续移动性。在已结束的 2014 年"米其林必比登挑战赛"上，米其林再次聚集了交通领域所有的利益相关方，通过技术测试、拉力赛、论坛等多种形式的活动，引导大家一起来寻找可持续交通的解决方案，用行之有效的形式来履行自己对中国市场的长期承诺。

作为全球轮胎行业的领导者，米其林是中国消费者值得信赖的伙伴，其凭借高于市场平均水平的发展速度，扎根并深耕中国市场，以一直坚持的品牌力量，推动了中国的可持续交通的进步。

四、品牌是消费者心中的烙印

移动互联网时代，品牌是提及率最高的流行词，各行各业都离不开品牌建设。那么，品牌究竟是什么？为了解答这个问题，我们先来看个例子，一件简单的 T 恤，加上耐克的标签就可以卖 300 元——这就是品牌的力量。

"品牌"一词来源于古挪威文字"brandr"，意思是"烙印"，形象地表达出了品牌的含义：如何在消费者心中留下烙印？从一定意义上来说，塑造品牌就是不断加深品牌在消费者心中的印象，争取成为消费者心中的首选。

其实，品牌就是一连串记忆，而这一连串记忆是由你的产品、你的销售方式和你的广告传播所组成。消费者看到一则电视广告，就会形成一次记忆；在商场，看到包装漂亮的产品，又会形成一次记忆；使用之后觉得满意，则会再次形成一次记忆……一连串的记忆组合到一起，就会形成一个印象，这就是品牌。

如同人一样，如果想让别人对你留下好印象，每次和别人接触，最好有个部位能保持一致。面对如此庞大的信息量，品牌更要用一个形象面对消费者，用同一种声音进行对外传播……一次又一次地重复积累，自然就会在消费者心中形成品牌联想。

这一次又一次的重复积累意味着，不管是电视传播、户外传播，还是移动互联网传播，都必须基于一个统一的主题，使用统一的表达方式、统一的视觉和统一的声音，这就是整合营销。

在市场营销中有个有趣的现象——"1+1<2"，但有时"1×1>2"。要想达到这个效果，方法只有一个：第一要坚持，第二要继续坚持，第三要持续坚持。

坐拥百年辉煌的可口可乐，上百年来一直强调它是"美味的、欢乐的"。从 1886 年至今，可口可乐用过的代表性广告语达上百条，如美味又清新、享受一杯欢乐饮品、好味道的象征……虽然广告语众多，但从来都没有偏离既定的轨道。

无独有偶，万宝路坚持了 60 多年，力士也坚持了 70 多年，就连史玉柱的脑白金，也坚持了十几年。

无烙印，无品牌。品牌就是产品在消费者心智中打上的烙印。路边摊卖的衣服，不会给你留下任何烙印，即使服装很漂亮，可是由于没有品牌，也不会给你留下深刻印象。

烙印浅，品牌弱；烙印深，品牌强。品牌不仅是商标，不仅是产品，更是刻在消费者心中的烙印，是企业与消费者的情感沟通。企业营销最重要的事就是，不停地拿正确的品牌烙铁在消费者心中打下烙印。

五、企业品牌建设的经济效益

通过品牌建设，以少投入获得多回报，就可以产生持续和长久的价值，比如，增加员工的凝聚力，提升竞争力；提升企业美誉度与知名度、强化竞争力；推动企业发展和社会进步。品牌效应的成熟期会为企业带来大量的经济效益。

王老吉凉茶始创于清道光年间（1828 年），发展到今天已经有 180 多年的历史，被公认为凉茶始祖，有"凉茶王"之称。和其正凉茶 2007 年进入市场，时间较短，两者的不同点有以下几个方面：

包装：王老吉凉茶有铁罐、PET 瓶装、软包装等包装形式；而和其正凉茶只有铁罐和 PET 瓶装，种类比王老吉少。

广告宣传：王老吉凉茶广告词是"怕上火就喝王老吉"，做广告频率较高，均在黄金时段，已经深入人心；和其正凉茶暂时还没有深入人心的广告词，做广告频率较低，消费者对其不太了解。

市场拓展：王老吉凉茶开拓北方市场，把凉茶文化和喝凉茶的习惯推广至北方，且销售渠道较广，重点发展餐饮渠道；和其正凉茶销售渠道较窄，大多只在商场、小店销售。

品牌拓展：王老吉把品牌向药酒、药妆、保健品、食品、运动器械等多个领域扩张，实施大健康产业战略，产品与时俱进；和其正凉茶还没有实施品牌拓展战略。

集团实力：王老吉隶属广药集团，集团成立时间较早，有着较强的实力；和其正隶属达利园集团，集团成立于 1989 年，成立时间较晚，实力比较薄弱。

王老吉凉茶与和其正凉茶的功效基本上一样，为什么一提到凉茶，人们首先会想到王老吉？原因有很多，如历史的、广告宣传的、市场拓展的……归根结底就在于，王老吉在消费者心中形成了良好且深刻的品牌形象。

企业在增强品牌效应的同时，必须认真理性地处理好各个阶段的过渡，生产出高质量产品，继而增加企业的经济收益。如果要利用品牌效应获得良好的收益，一定要与时俱进，关注市场，避开市场调节的弊端；要关注消费者，避免利益蒙蔽理性，诚信经营；要把好质量关，生产出符合市场需求的高质量产品；同时，必须重视品牌效应的建设，不断开拓市场，树立良好的企业与品牌形象，影响消费者的消费习惯与心理。

质量是品牌生产的生命线，企业必须严把质量关，安全生产，诚信经营，赢取消费者的认可度和忠诚度，在保质的前提下扩大品牌效应。

随着全球化、市场化、信息化的到来，企业的经营环境日趋复杂多变，生产环节、销售环节、市场环节乃至外部环境的些微变化都会对企业的经营造成冲击。因此，企业要增强协调应对危机的能力，及时了解并解决消费者遇到的各种问题。

第二节　移动互联网时代，品牌定位的六大要素

一、打造新品类

移动互联网时代，打造品牌最有效的、最具生产力的、最快捷的方法是打造新品类，使自身品牌与众不同。

创建品牌，核心任务就是成为某一个新品类的第一。打造新品牌，就是创造一个新品类。没有竞争是最好的竞争，一旦在某个新类别里成为第一，你在这个品类里也就没有了竞争对手。比如，邦迪，是第一种粘贴胶带；可口可乐，是第一个碳酸饮料；施乐，是第一台普通纸复印机……这些品牌都是通过创建"新品类第一"而打造出来的。

在品牌营销中，"第一"永远是舞台聚光灯下的焦点，会被人们深深地印在脑海中。对于后来者，大多数人都已经没有好奇心，没有多大的兴趣。大多数人都知道登上月球的第一人是阿姆斯特朗，却很少有人会去关注第二个、第三个登上月球的人是谁。新品牌创建也是如此。消费者大多只会记住行业或品类里的龙头品牌。

当年，在电脑价格非常昂贵的时候，小霸王把电脑中打字的功能单独拿出来，开发出一个电脑学习机市场，抢在电脑厂商之前，占领了该市场。

小肥羊的创始人发明了一个新的配方，创造了"不蘸小料的白汤火锅"这一火锅新品类，区别于原先占据主流地位的四川红汤火锅，迅速风靡市场，

成了中国餐饮行业的佼佼者，年销售额曾接近 50 亿元。

在水溶 C100 开创"瓶装柠檬水"品类之前，瓶装柠檬水市场并不大。今天，瓶装柠檬水已经成为十亿元级的饮料市场，娃哈哈集团也跟进推出了"HELLOC"品牌。

曾经金威在啤酒行业发起了一轮公关传播，宣称金威啤酒不含甲醇。这里，其实就蕴含着一个绝好的创新品类机会，即建立和推广"无醇啤酒"。这样做了，金威就可能有机会改变自己原来作为普通的区域啤酒品牌的身份，成为全国性无醇啤酒的原创者。可惜，金威并没有品类意识，打着"不添加甲醇，添加时尚"的口号，徘徊在普通啤酒的行列。

贵州醇是国内最早专注于低度浓香白酒产品的品牌，用"醇"这个概念来代表"低度浓香白酒"。低度的概念契合人们健康饮酒的需求，贵州醇在江浙、广东沿海一带发展迅速，快速崛起。可惜，贵州醇此后连连失误。

为了改变这一局面，它先是把营销的重点转向"好山好水出好酒"，强调自己是"天然美酒"；而后，又推出"用高粱和葡萄酿造"的奇香贵州醇，结果纷纷失败。当高度白酒的浪潮开始回归时，其又跟风推出了高度产品，最后淡出了人们的视线。

所有的这些都告诉我们，任何一个品牌，想要有地位，必须先有定位。

二、进行与众不同的心智定位

现在，想到"劲霸"会想到一个什么样的词？男装、茄克。为什么？因为"劲霸"这个品牌已经在消费者头脑中明确定位，劲霸就代表男装，代表茄克。为什么劲霸能越过这个断层？因为劲霸男装解决了品牌有没有根基的问题。有了精准的定位，就可以驾驭复杂的经济形势变化了。

　　其实，定位理论并不强调产品。思考一下，公司实际上在做什么？聚焦于产品。可是定位理论并没有定位在产品上，而是把目光瞄准了潜在消费者的心智。比如，百事可乐，不单是做产品，还定位到人们的心智中。如今，人们的心智已经被可口可乐占据，百事可乐只有取而代之才可能成功。

　　很多品类都有它们的领先品牌，如果你是领先品牌，就可以解决问题；如果不是，就要瞄准竞争者，因为竞争者的品牌已经占据了人们的心智。

　　移动互联网时代，如何才能成为领先者？要想成为领先者，首先必须是一个新品类中的开创者，比如，麦当劳是第一个汉堡连锁品牌，肯德基是第一个炸鸡连锁品牌，红牛是第一个能量饮料品牌。

　　定位的关键是先行一步占据人们的心智。在人们的大脑中，有很多心智的小格子，有些位置已经被占据了，还有一些位置空着。位置如果已经被先行者占据，其他品牌就很难进入了。所以在某一个品类中，首先要考虑的问题是：你的品牌是第一，还是追随者？

　　1969 年，在大型计算机市场，消费者的心智被 IBM 占据。IBM 是计算机的代名词，现在依然如此。GE（美国通用电气公司）和 RCA（美国广播公司）分别位居美国计算机行业的第 4 和第 21，凭借资金实力他们都想进入大型计算机市场，这是很典型的拼"产品"方法。结果，两年之后，两个公司失败，只能将计算机业务关闭。

　　GE 在消费者的心智中代表电气，RCA 代表媒体。如果他们想赢，必须把 IBM 挤出计算机的格子，自己挤进来，但是做到这一点很难。况且，如果品牌在一个定位上很强，想要移动到另外一个定位上就更难了，尤其是这个定位已经被另外一个品牌占据的时候。

　　有了明确的定位，企业就会生生不息。企业最重要的资产不是货币，而是在消费者大脑里面是否拥有一个代表词。不管盈利多少，如果在消费者头脑中没有一个定位，就会很危险，在激烈的市场竞争中就面临消失的可能。

定位的本质就是利用品牌去占有消费者的某种"心智资源"。一旦通过成功定位，占有了某个心智资源，就有机会通过代言品类构建起认知标准，赢得消费者的优先选择，就会在消费者心智中构筑起一个坚实的堡垒。

三、给产品取一个好名字并注册商标

有句俗话说："名如其人，人如其名。"同样，在注册商标名字时，大家都会想，究竟取什么名字好。名字最好有自己的特色，最好能独树一帜，并能把自己的希望寄托在里面。

一个好的产品名，能够体现出企业最重要的价值所在，而企业文化、企业形象、企业品牌和企业的核心竞争力则是每个企业应当在产品名里着重表达的要素。

金龙鱼是世界 500 强公司丰益国际旗下著名粮油品牌，其集团的标志为一条金色的鱼。金龙鱼是一种古老的鱼类，寓意"长久、富贵、不可侵犯，唯我独尊"。作为中国驰名商标，其商标释义为"为追求健康生活品质的消费者带来健康、营养、美味的饮食体验，使人们分享家庭的快乐、温暖和关爱"。

作为中国小包装食用油行业的开创者，金龙鱼积极倡导"吃得安全、吃得健康营养"的科学消费理念，立志为国人打造安全的餐桌食品，深受消费者的喜爱。

真正优秀的产品名能够充分代表企业的经营种类、地理位置、产品的质量和服务等，能够长期引领企业发展，成为企业竞争力的重要一部分。

中国自古以来就非常注重起名，这说明了名字的重要性，对于品牌来说也是如此。给品牌起个好名字，对品牌的成功有一定的作用，尤其在今天，面对众多的品牌竞争，好的品牌名能让消费者很快记住，甚至是过目不忘。

品牌命名的成功与否，甚至直接关系着企业的产品能否迅速在市场上立足的问题。那么，该如何给产品取一个好听的名字呢？

（一）容易读，容易记。只有易读易记的品牌名，才能高效地发挥它的识别功能和传播功能。因此，企业在为品牌命名时要做到：简洁、独特、新颖、响亮等。比如，红豆衬衫的命名就具有中国文化特色，很容易让消费者触物生情，想起王维的诗来"红豆生南国，春来发几枝。愿君多采撷，此物最相思"。再如，"动感地带"就比较新颖、时尚，自然会赢得年轻人欢迎。

（二）适应地域文化。品牌的命名一定要考虑品牌在以后的发展过程中要具有适应性，不仅要适应市场的变化、时间空间的变化，还要适应地域空间的变化。具体来说，就是要适应消费者的文化价值观念和潜在的市场的文化观念。

（三）展现出产品的特点。在进行品牌命名时，从产品的特点、功能、形态等属性进行，消费者就能从名字一眼就看出它是什么产品。比如，五粮液、雪碧、佳洁仕、创可贴、美家净等，就恰当地表达了产品特点，准确地展现了产品属性。

四、向顾客做出价值承诺

品牌需要对消费者做出价值承诺，没有承诺，消费者就没有心理预期，就不会做出购买的决定。但承诺不是一句话，需要一定的方式来体现你的承诺、兑现你的承诺。

通常所说的产品，只是物质价值的表现载体，体现了消费者对其使用价值的认可。包是用来装东西的，如果消费者仅仅为了实现装东西的使用价值，对他来讲，一个普通的包和一个香奈儿的包都一样。

品牌则是消费者精神价值的表现载体。香奈儿出售的不是坤包，而是一种资质证明，能让消费者产生特殊的心灵愉悦。而消费者之所以能够产生这种愉悦，就在于品牌，因为品牌是一整套承诺。

宝洁公司的经营价值观是："我们生产和提供世界一流的产品和服务，以美化消费者的生活，作为回报，我们将获得领先的市场销售地位和不断增长的利润，令我们的员工、股东以及我们生活和工作所处的社会共同繁荣。"这是宝洁公司给消费者、股东和社会的承诺。

宝洁公司之所以敢从日化领域大跨度地进军美容领域，并不是来源于对自己所拥有资源与人才的信心，而是来源于通过经营可以实现它对消费者的承诺。宝洁拥有先进的研发实验室、周密的市场调研措施、经验丰富的渠道专家……这一切构成了宝洁品牌经营的终极力量。

宝洁公司认为，品牌与一个特定的产品领域有着密切的关系，在该产品领域中能够与其他产品区分开。由此可见，品牌就是公司对消费者所做出的关于产品将会为其带来什么的一种承诺。

从根本上说，品牌就是一个概念。消费者形成品牌概念的过程，如同他们通过体验而形成对事物的感性认知的过程一样。所以，企业要养成一诺千金的习惯，既然向消费者给出了承诺，就要遵守，不管在任何情况下，都不违背诺言。当然，要想做到这一点，必须做好以下三件事：

（一）将承诺清晰地告诉消费者。向消费者做出价值承诺，首选就要将自己的承诺清晰地告诉消费者。比如，星巴克的承诺是为职业人士提供一片忙中休闲的场所，所以非常注重服务质量和室内的艺术设计；苹果公司的承诺是为消费者生产快乐，所以它能从电脑领域拓展到手机、微型媒体播放器……不同公司的品牌承诺是有差异的，但品牌经营却始终要围绕着承诺展开，并将这个承诺作为公司的最高原则。

（二）品牌承诺要量力而行。对品牌做承诺，一定要根据自己的实际情况来决定，量力而行。有些企业喜欢随便承诺，本来自己的产品品质不太好，但品牌口号却以品质为主；本来服务不到位，却说自己是精品服务，结果导致消费者有上当的感觉。对于品牌承诺来说，重要的不是承诺了多少，而是做了多少、兑现了多少。

（三）无条件地履行承诺。既然承诺了，就要无条件地履行，不能说而不做。做品牌要有"细水长流"的心态，不要浮躁，不要急于求成，要多一些耐心和细心；要多关注消费者关注的话题，通过各种渠道与消费者沟通，切实满足他们的需求，这样才能让品牌从知名度走向美誉度和忠诚度。

五、建立能够引发消费者共鸣的品牌文化

品牌与消费者交流的触点是文化，两者互动的基础是文化。心灵的沟通，有利于消费者的选择性注意和记忆，能够激发消费者的情感体验，有利于消费者对品牌的忠诚。

消费者通过消费品牌，可以享受到其中的文化滋润和熏陶，体验到品牌带给人们的心理和情感乐趣，引发对品牌的好感和依赖，使之成为表达自我的倾诉方式。

品牌文化战略是指在核心文化价值统领下，通过有效途径传播品牌文化，获得消费者的忠诚，创建强势品牌，能够提高品牌美誉度和品牌忠诚度，有

效增强巨大的品牌附加值。

星巴克公司创办于 1971 年，公司主要销售咖啡豆。从 1971 年西雅图的一间咖啡零售店，发展成为国际最著名的咖啡连锁店品牌，不得不说，星巴克确实创造了一个企业扩张的奇迹。

在谈到星巴克的成功之道时，星巴克主席兼 CEO 霍华德·舒尔茨说："消费者越来越精明了，再也不像以前那样相信商家了，我相信，今天建立一个品牌变得更为复杂了，因为人们有更多的选择。"

星巴克这个名字来自麦尔维尔的小说 Mobby Dick（中译名为《白鲸》），小说中有一位处事极其冷静、极具性格魅力的大副，他非常喜欢喝咖啡。星巴克咖啡的名称暗含着其对消费者的定位——它不是普通大众，而是有一定社会地位、收入较高、有生活情调的人群。

星巴克这种经营方式取得了巨大的成功。它追求的不是消费者的数量而是消费者的质量，是特定人群对于星巴克咖啡的忠诚度。在美国，有些消费者每月光顾星巴克咖啡店的次数竟高达 18 次。

今天，星巴克文化仍然是美国大众文化的一部分，是大众文化中的精英文化，也是精英文化中的大众文化。只不过在移动互联网盛行的今天，星巴克咖啡文化又增添了新的"体验"。星巴克的价值主张之一是：星巴克出售的不是咖啡，而是人们对咖啡的体验。这一点，很容易让人们想起东方人的茶道、茶艺。茶道与茶艺的价值诉求不是解渴，而是获得某种独特的文化体验。而星巴克的成功在于它创造出"咖啡之道"，让有身份的人喝体现身份的咖啡。

品牌文化是凝结在品牌中的经营观、价值观、审美观等经营活动的总和，具有丰富文化内涵的品牌以其鲜明的个性、独特的形象切合消费者的情感诉求，促使消费者对品牌忠诚，从而提高品牌的资产和价值，形成强势品牌。

品牌文化是市场的通用语言，是企业的核心财富，是企业核心竞争力的载体。因此，要想在激烈的竞争中立于不败之地，企业在建立品牌的时候，就必须要建立一个可以引发品牌共鸣的消费者文化。

六、高度聚焦

放大镜之所以能够将一张纸点燃，就在于其将阳光聚焦在了一点，提高了热度，当焦点上的热度达到纸张燃烧的值界点的时候，自然就会发生燃烧现象。品牌的定位，同样离不开聚焦。

第一家麦当劳是一个免下车烧烤餐厅，主要为消费者提供各种各样的烧烤，但他们大多数的盈利是来自汉堡包。后来，麦当劳关门三个月进行调整，再开张时完全聚焦汉堡包，把汉堡包的形象招牌做得比麦当劳的招牌更大。在菜单上能选择的食物只剩下汉堡、芝士堡和炸薯条，另外还有 6 种饮料。

如果他们当时没有做这样的调整，没有聚焦到汉堡上，麦当劳还会成为世界上最大的快餐连锁店吗？答案是否定的。

麦当劳用自己的经营之路告诉我们，如果想把业务做大、做成功，必须从最小的地方开始聚焦，如何理解？要成为全球最大的企业，就要从最小的企业起步，从最小的焦点起步，不能一开始就涉足各行各业。涉猎面过宽，就无法在消费者的心智中建立起品牌；抓得太多，结果是什么也抓不到，因此，应该通过聚焦在消费者的心智中建立品牌。

万宝路进入美国市场前，当时的市场上有五大香烟品牌，所有的烟都同时针对男性和女性，做广告的时候也是如此。1953 年，万宝路在美国推出的时候，50% 的男性抽烟，20% 的女性也抽烟。经过市场调查之后，万宝路认为："我们已经拥有了大部分男性消费者，去争取更多的女性消费者吧。"

万宝路的思路在市场层面上是有意义的，但在心智中毫无意义。一把锋利的刀远比一把钝的刀更容易切开东西，因此，要进入心智，必须采取聚焦的策略。于是，万宝路聚焦于男性，成为唯一专门针对男性的香烟品牌。结果，万宝路成了全球最畅销的香烟品牌。

移动互联网时代，一个品牌可能同时具备众多重要属性，为了进入消费者的心智，必须做出取舍，做出牺牲，必须把你的品牌聚焦到单一的想法或特点上，一个在你的品类中还没有其他品牌拥有的想法或特点上。

很多人都认为，要提升销量就要扩张。扩张是一般常识，但从进入心智认知角度讲，聚焦才是最重要的，聚焦是营销常识。收缩重点、聚焦经营，是应对竞争的好办法。聚焦，会让企业更有竞争力，让信息变得更简单，更容易进入消费者的心智。

第三节　移动互联网时代，品牌定位涉及两个环节

一、市场定位

在激烈的市场竞争中，传统的"酒香不怕巷子深"的理念，已经无法适应今天品牌推广的需求。目前，社会新媒体与传统媒体交织发展把世界变成了地球村，品牌定位对于创新与否变得尤为重要，它决定着一个企业是否能做大做强。

那么，该如何对品牌进行市场定位呢？品牌的市场定位有哪些决定性因素呢？一般来说，归结起来有三个：人群、概念、特色。这三个因素以最恰当的方式突出了品牌自身最具优势的核心力，引起消费者的青睐，促进产品的销售，这关系到品牌能否成功占领市场，并快速发展壮大。

第一个因素，人群。在信息大爆炸的时代，各种新型媒体不断涌现，海量信息几乎要把人们湮没，面对残酷的市场环境，信息传播的效率直接影响着消费者对于品牌的选择。根据成功品牌的经验，我们可以得知，一个行业中某个品牌之所以被大众所接受和喜欢，往往跟一群有关联的单个个体所共同形成的消费导向有关。

举个例子，乔布斯参与设计的苹果手机一经推出，就风靡全球。为什么苹果手机能风行世界，在中国还出现了年轻人半夜到西单排队购买苹果手机的狂潮？这主要得益于乔布斯对于完美设计理念的追求。苹果的设计理念能够满足不同群体对于实用、美观、轻巧、有趣等属性的追求，苹果手机满足了大部分消费者对手机附加价值的需求。在此基础上，乔布斯又采用"饥渴式"营销策略，使苹果手机牢牢抓住目标人群，从而获得巨大的成功。

第二个因素，概念。这几年概念营销在市场中占据了主流，不管国外品牌，还是国内品牌都加入了概念营销的阵营。概念营销，强调的是用新功能吸引人们的眼球，习惯使用"环保、低碳、绿色、非主流"等词汇，借助媒体铺天卷地的宣传，让这些词汇涌入消费者耳中，把各式各样品牌的新产品呈现在目标受众眼前。

第三个因素，特色。在激烈的市场竞争中，品牌的建立和品牌产品的特色息息相关，消费者如果熟悉产品的特色，自然就会购买这个产品。产品特色是凸显产品优势、展示产品与众不同的地方，如专家的鉴定、获得的专利技术等。

二、产品定位

所谓定位就是确定商品在市场中的位置，即企业决定把产品当作什么东西来生产和销售。以生产小汽车为例，如果把它定位在"代步工具"上，那么就应该强调其操作简单、安全方便、节油价廉；如果把它定位在"身份的象征"上，那么就应突出其豪华、奢侈、舒适、高价。

产品定位，是企业根据自身条件、同行业竞争对手的产品状况、消费者对某种产品属性或产品的某种属性的重视程度等方面的了解，为自己的产品确定一定的市场地位，创造、培养一定特色，树立一定的市场形象，满足市场的某种需要和偏爱。

无论你是否喜欢，目前农夫山泉已经无可争议地成为中国瓶装饮用水的领导品牌之一。农夫山泉的成功是市场营销的成功，是品牌定位的成功。下面，我们就来分析一下农夫山泉品牌成长的轨迹。

1997年4月，浙江千岛湖养生堂饮用水有限公司第一个工厂开机生产农夫山泉瓶装水。

1997年6月，农夫山泉在上海、浙江的重点城市上市，以"有点甜"为销售卖点，实施差异化营销策略。农夫山泉的差异化不仅体现在包装及品牌运作上，还体现在价格上。

1998年4月，养生堂在中央电视台推出了"农夫山泉有点甜"的纯净水广告，引起了消费者的普遍关注。从这个广告词语中可以感受到农夫山泉清晰的品牌定位：用"有点儿甜"来做品牌的区分，占据消费者心智资源。

1999 年，农夫山泉的广告传播侧重点逐渐从"农夫山泉有点甜"转化为"好水喝出健康来"，更加突出了水源品质，证明了农夫山泉之所以甘甜的根本原因。

2008 年，农夫山泉的广告语换成"我们不生产水，我们只是大自然的搬运工"，这个广告宣传紧扣住健康的理念，告诉消费者：农夫山泉的水不是生产加工来的，不是后续添加矿物质生产出来的。

不可否认，农夫山泉就是通过产品定位才奠定了它在同类产品中的定位。

要想进行定位，一方面要了解竞争对手的产品具有何种特色，即竞争者在市场上的位置；另一方面还要研究消费者对该产品各种属性的重视程度，包括产品特色需求和心理上的需求，然后分析确定本企业的产品特色和形象。

品牌成功塑造的关键在于诉求的可信度。可信度，就是撬起地球的那个支点，支点的远与近决定了撬起地球的效果与效率。信任指数的高低决定了打造品牌的效果与效率的高低。

有人认为定位的目的和作用是推动品类的成长，而笔者认为这是一种误解或误导。定位的目的和作用就是为了获得消费者心智认同，实现一种与众不同的品牌差异性，这也是定位的核心思想。

品牌溢价、利润率、市场占有率是定位准确的结果，是定位准确后的副产品，是品牌成功塑造的唯一性指标。在商业竞争中，如果一个产品、一项服务不能获得消费者的认同，那么就不能体现其品牌价值。

第四节　品牌定位工具：运用五大核心定位系统

一、品类定位系统

企业的竞争就是品牌的竞争，而品牌的竞争则是品牌所代表的品类之争。所谓定位就是让品牌占据消费者的心智，使品牌成为某类别的代表品牌。移动互联网时代，没有定位的品牌，都是难以长久的。

红牛是饮料行业典型的新品类，开创了能量饮料这个品类，但红牛在美国市场花了 9 年时间年销售额才达到 1 亿美元。同样，微软花了 10 年时间，销售额才达到 1 亿美元；老干妈从 1996 年推出豆豉辣椒酱，到 2003 年才实现了 6 亿元的销售额。

当新产品销量由早期的缓慢增长变成突然加速，转折点就出现了。研究发现，从新品类的推出到出现这样的转折点平均需要 6 年时间。一旦转折点出现，就意味着新产品已经由小众开始进入大众市场，此时投入广告，可以有力地推动产品的销量，广告投入产出比也会最佳。

如今，无论是传统企业，还是互联网企业，越来越多的人正在关注品类。品类并不是一个新词，最初被广泛用于销售管理领域，尼尔森对其定义为"确定什么产品组成小组和类别"，这是基于市场或销售管理角度的定义，是一个涵盖几乎所有营销要素的组合。

很多时候，消费者心智中相互竞争的并非品牌，而是品类，比如，宝马与奔驰的竞争，实际上是窄小灵活的驾驶机器与宽大气派的乘坐机器之间的竞争；百事可乐与可口可乐的竞争实际上是经典可乐与新一代可乐之间的竞争；茅台与五粮液的竞争实际上是传统酱香型高档白酒与现代浓香型高档白酒之间的竞争……如此，就更能理解品牌与品类之间的差异了。

先有品类，才有品牌，最终才会塑造一定的形象。因此，企业完全可以通过开创新品类，获得一定的市场地位。苹果和营养快线的创新，就在于它们都恰到好处地运用了"融合"这一概念，创造出了一个新的品类。同时，当现有市场还没出现你想要推出的新品类时，也正是打造品牌的最好机会。

那么，找到了新品类，在推出过程中，又该如何运作呢？界定原定人群、界定原点市场、聚焦渠道、站在竞争对手旁边、飞机滑翔式启动、投入时间和耐心。显然，投入时间和耐心是最艰难的，就拿宝洁来说，旗下为人熟知的品牌，比如，潘婷、玉兰油、Max Factor 等都是收购而来，关键要看公司的抉择及实力。

二、品类细分定位

品牌不是横空出世，更不是天马行空的创意。品牌的依据和支撑在于品类，品类定位的成功与否直接决定了品牌成功的概率。真正的系统营销应该包含通过市场研究得出的有关产品、品类、品牌的充足信息，然后对企业现有产品进行规划组合，找准目标品类、目标消费者和目标品牌的打造方式。

特仑苏是品类开创者中的成功者，它有什么重大发明和创新吗？这个并不重要，重要的是它在普通牛奶中分化并聚焦于高端品类，在此之前并没有高价牛奶产品，没有独立的高端牛奶品类和领军的高端牛奶品牌。

特仑苏首先聚焦高端牛奶品类，然后进行品牌定位和包装，继而邀请著名艺人带着"不是所有牛奶都叫特仑苏"的广告词在各大卫视狂轰滥炸，结果该品类在市场大获成功。

遵循品类法则成功创建品牌的例子不少，但也不乏失败的案例，青岛原生就是一个惨痛的教训。

从技术上看，青岛原生有希望开创一个新品类，因为在保持啤酒鲜活度和口感的工艺方面，它比纯生更能保持啤酒的原味。可是，随后的营销活动彻底地扼杀了这个原本很有希望的产品。原因主要有以下几个方面：

首先，在品类的命名上出了问题，"原生"这个名字听起来就像是纯生的模仿品，而不是一个新品类，不足以跟纯生拉开距离。

其次，整个营销活动聚焦于品牌的宣传而非品类的建立，出现传播方向的偏差。青岛啤酒公司邀请原生态舞蹈家杨丽萍作为代言人，口号是"原生态，活啤酒"，原生变成了原生态，新品类的特征进一步消失，最后注定失败。

美国心理学家乔治·米勒对消费者心智做了大量实验，发现消费者心智处理信息的通常方式是把信息归类，然后加以命名，最后将命名储存起来。也就是说，面对成千上万的产品信息，消费者会习惯地把相似产品信息进行归类，记住该类产品代表性的品牌。任何品牌的发展都是以品类为依托的，品牌策划成功与否首先取决于是否有明确的品类定位。

三、消费者定位

众所周知，任何企业都是通过向产业链下游提供产品（服务）获取社会认同及股东收益的，我们将这些购买企业产品的行为对象称之为消费者。

多数时候，企业都无法将自己的产品功能丰富到可以为所有的消费者提供服务的境界，无法在整个同业市场中实现价值传递。企业只能根据自身能力向特定的消费者提供有特定内涵的产品价值，这些特定的消费者就是目标消费者。

王品集团是台湾第一大连锁餐饮企业，西堤厚牛排是其旗下最重要的品牌之一。在发展过程中，该公司一直将消费者群体定位作为发展的核心。

西堤厚牛排的定位偏向于年轻人，主要消费人群年龄在 30 岁左右。可是，近年来西堤厚牛排的消费人群日益年轻化，消费者反馈表显示，来西堤用餐的消费者平均年龄从 33 岁下降到 28 岁。这是因为西堤厚牛排人均 150 元的价格对年轻人来说不算什么压力，年轻人需要的是性价比，只要能够提供足够的性价比，就会吸引很多人去买。

如何把握住年轻消费者的需求？提高性价比，给消费者超值的体验。现在，很多餐饮品牌都在走低价，而西堤厚牛排独守高价，为何如此？因为西堤知道，如今年轻消费者在乎的不是便宜，而是高性价比。以往消费者会关注菜品的量足不足，现在要的是体验的过程有没有质感，体验过程有没有获得愉悦感。

为了提高消费者的体验，西堤厚牛排从品牌定位入手，让年轻人觉得西堤厚牛排是有态度的品牌，把自己打造成有创意、有趣、时尚的品牌。在这个前提下，针对明星产品西堤厚牛排展开了一系列为年轻人群量身定制的营销策略。

2014 年 4 月，在西堤厚牛排官方微信中，推出了类似水果忍者的"切牛排"的小游戏。屏幕中落下厚牛排、薄牛排和水果，游戏者可以直接用手指做刀切牛排。游戏结束后，弹出提示——"发现了吗？只有厚牛排才有更多汁水哦"，然后还可以抽奖。

2014 年 5 月，手机游戏"2048"大热，西堤厚牛排推出了类似游戏。4×4的方格中随机出现"薄牛排"，两块"薄牛排"可以拼成"厚牛排"，两块"厚牛排"可以拼成"多汁厚牛排"，再拼成"西堤厚牛排"……

这两次微信活动利用目前手机热点游戏和年轻人喜欢的形式，很好地宣传了西堤厚牛排厚且多汁的特点，也让年轻人对西堤厚牛排的品牌产生了更多的认同感。

得益于一系列精准的定位以及一系列高性价比的服务，在大众点评网中，西堤厚牛排消费者口味评分为 9.2 分；西堤厚牛排单品在主餐环节的点餐率达到40％。

移动互联网时代，不管做哪一行都需要有消费者的支持，没有了消费者企业就失去了发展的动力。从一定意义上来说，消费者是企业发展的臂膀，没有了坚强的臂膀，企业何以展翅翱翔？目前，各行业之间的竞争日趋激烈，对消费者的争夺赛也是愈演愈烈。任何一个品牌，在进行产品定位的时候，一定要进行精准的消费者定位。

四、竞争对手定位

当市场达到饱和状态或很难从多维度进行定位时，就要重新给竞争对手进行定位，挖掘竞争对手的弱点和不足，同时，针对竞争对手的弱点和不足，给自己或产品进行定位。那么，如何才能在一个市场找出竞争对手的弱点及不足呢？可以先分析一下市场整体存在的弱点，或者进行垂直细分，在细分领域中找出竞争对手的弱点。

世上百分百完美的事情几乎没有，只要善于寻找，善于挖掘，善于发现，定然可以发现竞争对手的弱点或不足。找到弱点后，在传播的过程中，放大竞争对手的弱点，同时放大自己的优点。

在360还没有问世之前，常见的杀毒软件有卡巴斯基、瑞星、金山等。而这些品牌现在在市场占据了多少份额？有多少人知道这些品牌？有多少人在用这些品牌杀毒软件？当360提倡免费杀毒时，虽然引起了强烈的反响，但同时也受到了其他杀毒软件公司的反对与阻止。而360坚持免费，最终走上官司。虽然官司输了，却赢得了用户，赢得了消费者的心智；同时，360推翻了其他杀毒软件在消费者心智中的地位。这就是通过定位竞争对手带来的效果。

回头看看当年被人们推崇的杀毒软件，现在还有几个能被人记起？还有几个在市场上？所有的一切都是通过重新定位带来的。只有推翻消费者心智中已有的品牌，重新树立自己的品牌，才能占领心智并赢得市场。

在市场饱和的情况下，不仅要重新给竞争对手进行定位，还要给自己很好地定位，推翻其他产品在人心智中的地位并取而代之。

百事可乐在进入美国市场前，美国市场是可口可乐一统天下。百事可乐仔细研究可口可乐的缺点，发现可口可乐瓶装的容量较小，年轻人喝一瓶不过瘾，喝两瓶又多了。于是，百事可乐便使用细长的塑料瓶，容量比可口可乐多50%，可价钱与可口可乐一样；同时，还在全国设自动售货机。

在中国，使用定位法成功的例子是纳爱斯的雕牌洗衣粉。在做广告前，纳爱斯向经销商散布了众多消息：雕牌洗衣粉是在碧浪洗衣粉生产线上造出来的，由于碧浪生产任务不足，生产能力富余，因而承接了他们的加工任务。纳爱斯雕牌洗衣粉打出"只买对的，不买贵的"广告，言外之意是，一样的洗衣粉，为什么要买价钱贵的碧浪呢？

这样的广告，虽然让碧浪不高兴，可纳爱斯雕牌洗衣粉却由此获得了成功, 当时在国家定点的日化厂排名由倒数第一一下子跃居全国第一, 这就是寻找对手的弱点来定位。如果竞争对手实在太强大, 一时找不到对方的弱点, 还可以利用比附定位, 将自己往对手身上比附, 将自己放在恰当的位置, 让竞争对手来带动自己去扩大市场影响力。

五、心智定位

消费者心智是一个比较新的概念, 指的是人们对已知事物的沉淀和储存, 通过生物反应而实现动因的一种能力总和。从心智学的研究角度来看, 人的心智是包括情感、意志、感觉、知觉、表象和思维等在内的全部精神活动。

从消费的趋向和角度上说, 心智就是消费者蕴藏在内心深处对各种产品理性而又明智的看法或认知程度。占据消费者的心智是定位理论的核心概念之一, 基于消费者心智的品牌定位就是要深入研究消费者的心智规律, 利用心智规律进行品牌定位, 使品牌在消费者有限的心智资源中占据一席之地。

买洗发水时, 消费者会在潜意识里列出一个关于洗发水的品牌阶梯。在这个阶梯里, 就会列出海飞丝、清扬、夏士莲、潘婷等品牌。在购买商品的时候, 消费者会按照头脑中的排序进行选择, 能够进入这个阶梯的品牌选择不会超过7个。一旦某个品牌占据了消费者的心智资源, 就会促成消费者对该品牌的记忆和认同。消费者对某一种产品或服务的认同程度越高, 说明品牌定位的水平越高, 回报率也越高。

在市场竞争不断加剧的今天, 品牌承载的含义越来越丰富, 越来越多的企业也开始注重品牌建设, 可是能够成功定位品牌的企业少之又少。主要原因在于, 很多企业还没有真正领悟到定位的本质, 即占有消费者的心智资源。

如今, 现代企业的发展, 已经由资源的竞争发展到产品竞争, 并向品牌竞争快速推进，实施品牌战略已经成为当今企业发展的必然选择和新趋势。以"好客山东"所引领的山东旅游品牌资产体系，就是一种差异化领先的品牌定位策略。

"好客山东"品牌是山东省继"一山一水一圣人"、"走进孔子、杨帆青岛"等形象定位后，全新打造的旅游目的地品牌形象。"好客山东"品牌的提出，摒弃了原本从"物"的角度定位的思路，提炼上升到"文化"的层面，抓住了山东文化的精髓，更好地诠释和传递了山东省的好客形象，打造出山东省亲切和谐的目的地形象。

"好客山东"融合了多种元素，将中外古今的语言、文字、设计元素融合到一起，以丰富的色彩变化，对应山东深厚的历史文化底蕴和独特的休闲度假魅力，丰富、动感、亲切，构成了强烈的视觉冲击力。其以五岳之首、大海之滨、孔孟之乡、礼仪之邦的整体形象，结合山东、山东人的好客之道，以"诚实、尚义、豪放"的鲜明个性，传递出了特色化、国际化的现代形象与文化意识。

第五节　寻找品牌差异化心智定位的方法

一、拥有特性

提到玛丽莲·梦露，人们会立刻联想到美貌与性感。

提到赵本山，人们会立刻想起东北"大忽悠"式的幽默。

提到周星驰，人们会立刻联想到那些经典的无厘头喜剧。

……

是什么让我们对上述明星或名人产生了独特的联想？是他们与众不同的特性。

在众多企业中，消费者凭什么记住你？消费者为什么选择你？因为你的独特，你所展现出来的"天下无双"的魅力。

每个产品都有自己的特性，紧紧抓住这个特性大做文章，品牌形象就会深深地刻在消费者心中。消费者一看到你的产品，就联想到同类产品当中独一无二的特性，自然就会钟情于你。一旦你的产品成为某一特性的代名词，也就在消费者的心中成功地扎下了根。

心理学告诉我们，虽然每个产品都是各种特性的混合体，但只有一种特性能广为人知，使其独领风骚。比如，可能玛丽莲·梦露的智商很高，可是人们记住的永远都是她迷人性感的容貌和妖娆的身材。

没有特性的品牌是弱品牌，成功的品牌往往都具有某些"唯一性"。只要能在消费者心智中形成自己的特性，人们就会给你附加上很多其他好处，这就是所谓的光环效应。

如何利用特性定位法呢？通常要注意下面几点：

（一）消费者就是上帝，产品诉求的特性必须是消费者感兴趣的，而非企业一厢情愿的。

（二）以产品特性为导向进行定位，一定要将自己的特性定位与其他企业的特性定位区别开来，千万不能选用别人用过的特性概念，否则就是替别人的品牌做宣传。

（三）如果你确定自己要用其他品牌用过的产品特性，就要坚决肯定自己会比那些品牌做得更好。宝洁公司的海飞丝，品牌定位是"去头屑，使你更洒脱，更酷"。之后西安杨森推出了一个洗发产品采乐，产品特点也是"去头屑"。可是，它在进行定位时，突出的却是自己的专业性和优秀品质，品牌诉求为"采乐去屑，针对根本"。把自己定位为一个去除头皮屑的专家，给消费者带来了一种不同于海飞丝的更加专业的感觉。这就与海飞丝追求洒脱、时尚的定位有了差异性，避免了与海飞丝的正面较量。

（四）利用特性定位时，一定要突出"唯一"的主要利益点。同时推出多个特性，就会变成没有特性。最有效的特性是简单的，无论市场的需求如何复杂，聚焦于一个特性、一个利益点都要比两个、三个或更多特性效果好得多。

二、经典

只要是能帮助消费者克服不安全感的战略都是好战略，而经典和正宗是领导地位的体现。存在时间长也会让预期消费者感觉自己是在和行业领导者打交道，如果企业不是最大的，也肯定是资历上的领导者。

经典或正宗具有让你的产品脱颖而出的力量，它是一个强有力的差异化概念。心理学家卡罗尔·穆格分析道："人们感觉不到经典，不知道先辈，就容易感到被孤立、被抛弃，情感上被切断，并且没有根基。"

延续经典，就是把给消费者感觉舒适的经典和对持续成功至关重要的改进结合在了一起。任何时候说出你的经典故事都不晚。下面给大家介绍几种变化使用经典策略的方法：

（一）地域经典。经典的一个重要方面是"你来自何处"。多年来不同的国家以特定产品而闻名，因为原产国的产品存在一定的地域经典。比如，

5100西藏冰川矿泉水是我国矿泉水中最珍贵的品种之一，属于纯天然优质饮用矿泉水。该矿泉水在最初开始定位时，就是引用地域经典进行的，在资源与能力方面有着不可模拟的优势，从而形成了企业的核心竞争力。

（二）家族经典。坚守家族企业特色，也是把你从努力奋进的众多企业中区别出来的有效方法之一，因为家族企业所处的位置更有利于服务消费者。如果家族能够团结起来，保持家族业务，会形成一个强有力的概念。例如，老干妈在给自己的产品定位时，侧重于家族经典。老干妈物美价廉，极为下饭，很多留学生都把老干妈称为家乡的味道。

（三）形象经典。即利用最早让品牌出名的人物。旧事物不仅可以更新，而且可以与众不同。为了更好地发展，有时候你必须改变，可以从形象上更新你的经典。

三、市场专长

对于专注做特定业务和产品的公司，人们一般都印象深刻，会认为这些公司是某些方面的专家，认为它们有超出一般水平的专业技术，能在一个品类里成为"行家"或"最好"，能成为这一品类的通称。反过来，常识告诉人们，一个人或一个公司是不可能成为各方面专家的。所以在消费者的心目中，什么都做的公司没有专长，它们的产品也通常没有说服力。

当多力进入葵花籽油市场时，上海市场做葵花籽油的品牌除了金龙鱼和福临门外，还有葵王、厨选等系列品牌，竞争对手很多。当多力开始全面铺市并大力度投入广告和促销时，在市场上混了多年的"老兵油子们"纷纷将注意力集中在了这个"新兵蛋子"上。

看着多力的动作越来越大，竞争对手也增加了对葵花籽油这个战场资金、装备的投入。对它们来说，目的就是一个：不让多力做大，否则会威胁到它们的地位，抢占原本属于它们的领地。战争已经打响，多力无法避免。在这场战争中，要想取胜就要跑得比对手快。

2002 年，上海市场葵花籽油的市场容量只占全国总量的 2%，如果市场容量不扩大，即使多力全拿下也只是赢得了 2% 的市场份额。2003 年，各品牌都加大了对葵花籽油的市场投入，上海的葵花籽油比 2002 年增长了一倍，占到了 4% 的市场容量，到 2004 年上升到了 7%。随着市场容量的增加，各品牌葵花籽油的销量都在增加，结果这场战役实现了共赢——都赢得了消费者，但最大的赢家还是多力。

对于金龙鱼和福临门来说，葵花籽油的市场容量有限，它们不可能把所有的资源都押在葵花籽油身上。为了抢得其他食用油的市场空间，金龙鱼和福临门对葵花籽油这个分战场并没有全力出击，而是采取了跟随策略，这样就给本就弱小的多力提供了生存、发展空间。

另外，从消费者的心智模式来看，他们认为金龙鱼和福临门是食用油的大品牌，不会在葵花籽油上首先想到它们。在葵花籽油上，消费者首先想到的只会是多力——它是做葵花籽油的专家。这就是多力以少胜多、以弱胜强的市场专长定位战术。

凭借精准的市场定位、恰当的活动和持之以恒的坚持，多力葵花籽油不仅在强势品牌的竞争下顽强地活了下来，还在葵花籽油这一细分品类建立了市场占有率和品牌地位的双重优势，成为葵花籽油品类的第一品牌。

移动互联网时代，一定要了解消费者这种"贵专，不贵通"的心理，一定要将企业打造成某一品类的专家。如果企业什么产品都做，最后必将成为输家。做专家，不做通家，这就是市场专长定位法。

四、最受青睐

人们通常认为，多数人都在做的事情总是对的，尤其在自己缺乏判断力的时候。人们都喜欢通过了解别人认为对的东西，来判定事物的正确性，这就是心理学家所说的"社会公认原理"。很多人忙着跑的时候，你很可能也会下意识地跟着跑。因为看到大家都在跑，我们就会下意识地认为：有什么危险的东西要过来了。

有这样一个笑话：路边有一个青年人仰着头，脸朝天。一个路人看到了，想当然地认为天上一定有什么好看的东西。于是，也抬头望天。过了一会儿，又来了几个人，也跟着仰头望天。青年人看到大家都仰头望天，奇怪地问："你们在看什么？天上什么也没有啊。"大家感到很奇怪："啊，不是你先看天的吗？"青年人莫名其妙地说："我哪里是看天？我的鼻子流血了，我是在止血。"

俗话说："真理总是掌握在少数人手里。"要想弄清事情的是非曲直、来龙去脉是需要下很大力气的，而人都有很强的惰性，所以一般人总是习惯盲从——找现成的。

成功的商人，都特别善于利用人的这种盲从心理。就像过去在农贸市场里卖东西的小商贩，总是要找几个"托儿"来为自己"壮声势"："我要两个""我也要两个""给我来四个"，很可能旁边总共有四个人，其中三个人是"托儿"。别看这个方法很老土，但确实很管用。

其实，这些小商贩用的就是一种定位法——广受欢迎定位法。"大家都说这东西好，肯定错不了。我也买两个试试吧"，这就是消费者购物时的心理模式。

　　如今，香飘飘奶茶做的广告，用的就是广受欢迎定位法："全球销量遥遥领先"、"一年销售3亿杯，连起来可绕地球一圈"。这个广告用简洁、直观的数字告诉了消费者：香飘飘奶茶在杯装奶茶行业是最受欢迎的，态度鲜明地宣布了自己奶茶业老大的地位。

　　"奶茶，就要香飘飘"，香飘飘最初的这个广告词，大家耳熟能详。可是，作为饮料行业，在这块消费品领域，仅靠原来的产品经营模式，即使宣传的力度再大、销路再好，也很难保证产品的长期保鲜期。

　　现在，很多大型食品企业已经对杯装奶茶这块肥肉垂涎三尺，众多同质化奶茶产品开始模仿香飘飘大举进攻奶茶市场，试图跟进并超越，如立顿、优乐美等都是强有力的竞争者。

　　随着竞争的加剧，奶茶行业必将走向厮杀惨烈的"肉搏战"。在可以预见的未来，这一新兴饮料领域会像饼干、绿茶、乳制品、方便面一样，陷入群雄割据的局面。而目前，谁先确立自己"最受欢迎的奶茶"这一行业形象，谁就会为今后的大决战赢得巨大先机。

　　香飘飘这个广受欢迎的定位战略，用得恰逢其时、恰到好处。它用最直观、最简洁的数字在自己和对手之间划出了一道很难逾越的鸿沟，不仅在众多奶茶产品中崭露头角，还对潜在跟进者竖起了坚固的防护网，就像金钟罩一样，将对手阻隔在了外围。

五、热销

　　如果想让自己的产品热销，就要让整个世界都知道你的产品是多么火爆。

　　在从众心理的作用下，消费者都知道什么是热点、什么不是热点。口碑就是这样。口碑在营销中是一股强大的力量，虽然人们同情弱者，但他们还是更信任赢家。

更多人不愿意自夸的真正原因，是害怕不能永远保持热度，预想到将来会遇到尴尬。其实，比竞争对手更热点或销售增长更快，就能给企业带来推动力，让品牌上升到一定高度，之后的战略选择自会大有可为。

让一家公司或一个产品起飞好比发射一颗卫星，早期通常需要很大的推力才能进入轨道；一旦进入了轨道，情况就完全不一样了。你不可能永远保持那么热，必须做好准备，一旦动力减弱，就要转移战略，必须找到一个方式来解释自己的成功。

热销的妙处在于，它为品牌建立一个长期的差异化概念做好了准备，让消费者准备好相信你成功背后的故事。缺少了这一步，就无法进入轨道；相反，会掉落下来，在竞争中被摧毁。

热销可以有很多种定义：

（一）销量靠前。产品做好了心智定位，可以促进销量的增长。反过来，销量还可以用来作为心智定位的一种手段。在这种手段中，最常用的方法是拿你的销量和竞争对手的销量作对比。当然，不要以为必须是年销量，可以是你选择的任何时间段。此外，不一定要和竞争对手比，还可以跟自己比。

（二）排名靠前。排名靠前的产品，很容易得到消费者的青睐。因此，如果你获得排名第一，就要尽可能大张旗鼓地加以利用。

（三）有行业专家。有些行业专家和评论员，他们的话经常被到处引用，他们也经常撰写专栏文章。"第三方"具有强大的威力，无论是你的邻居还是当地报纸，人们都会认为这些来源是客观的。因此，一定要充分利用行业专家的评论。

当然，热起来是一回事，要保持热度就是另一回事了，因为热度很难维持。今天的热点可能明天就落伍，媒体能让你热起来，也能让你冷下去。利用媒体的一个间接方法，是通过他们报道你的产品或你的公司恰好能够解决某个大问题。如果人们认为你的产品确实为解决大问题出了力，肯定会觉得你很重要。

六、新一代产品

产品可以创新，而且必须创新；消费可以时尚，而且必须追求时尚，否则，企业就会缺乏发展的动力。实践证明，大多数企业的成功是新产品的成功。

"变"是唯一的不变。无论是大企业，还是小企业，都必须以新产品的方式在市场上展现。新产品营销是企业快速成长的动力，是维持企业活力的保障。并且，如果新产品的定位做得很好，成了整个社会焦点，你的产品也就有了让人无法抗拒的诱惑力。

只有不断推陈出新，才能不断培育企业新的利润增长点。当原来的产品出现停滞甚至衰退迹象，不能再为企业创造更多价值、更高利润时，企业就会积极地把新产品送上生产线。推出新产品，就能不断扩大企业的市场占有率，就会始终确保自己的"领头羊"地位。

一个品牌，需要不断创新才能永葆青春。没有新产品，品牌就会趋于老化。宝洁是世界级的"新产品营销高手"，如飘柔、潘婷、海飞丝、玉兰油、沙宣等一系列产品的相继推出。

推出新产品还是改变行业竞争格局，摆脱竞争对手的一个"秘方"。行业中的龙头企业往往凭借其对市场的"黄金分割"，独霸天下。而处于劣势地位的企业要想占有一块属于自己的地盘，就必须要造出货真价实的新东西来与龙头企业一较高下。

当 TCL 进入手机行业后，发现自己在摩托罗拉、诺基亚面前，只有低头跟随。但是，TCL 创造了"宝石手机"这一独特的新产品，完成了自己的"处女秀"，从而取得了巨大成功。

之所以要推出新产品，有时是因为企业要进行战略转移。国外企业找到自己的"意中人"后，一般都"用情专一"，而中国企业也许是世界上"最多情"、最喜欢运用"打一枪换一个地方"这种战略的。

除了企业自己想转换风格、推出新产品，更多的是因为消费者的需求发生了重大变化。早已成为买方主导的中国市场，人们的各种需求比以往任何时候都更加丰富，更加"喜新厌旧"。消费者变了，企业当然也要"随波逐流"了。

为了满足消费者的需要，海南著名企业养生堂，不断推出"有点甜"的农夫山泉、"以内养外"的朵尔、"喝前摇一摇"的农夫果园、"想知道亲嘴的味道吗"的清嘴含片等新产品。如此，才让自己在竞争激励的市场中占有一席之地。

即使是可口可乐等上百年不曾更改自己主打产品的企业，也不敢对时代、对消费者的变化掉以轻心。希望"以不变应万变"，抱着自己发家产品一成不变的企业，最终只能逐渐退出人们的视野。

七、领导地位

哪种胶卷最好？柯达，它是领导品牌。

哪种进口啤酒最好？喜力，它是领导品牌。

哪种国产电脑最好？联想，它也是领导者。

……

几乎所有的行业都有一个占有最大市场份额的领导者。领导者企业在市场中的一言一行，对其他企业起着广泛的影响。其他企业，很少有以无知者无畏的姿态向它提出挑战的。

在 Prince 未出现前，世界上还没有大拍面网球拍，今天 Prince 却成了网球拍市场的绝对领导者；克莱斯勒是第一个推出微型货车的企业，今天依然能在微型货车市场战胜强大的通用和福特，占据着高达50%的市场份额；喜力是第一个进入美国的高级进口啤酒，今天仍然是进口啤酒的第一品牌；七天连锁酒店是商务酒店的开创者，定位是"中国星级型商务酒店的领导品牌"，卖的就是这"领导品牌"。

有些人认为，做第一往往是后来者的铺路石。当你开拓了这个品类后，往往会被实力更大的企业后发制人抢去领导地位。这种情况在营销史上的确发生过，但研究表明，第一的成功概率还是最大的。

第一个进入消费者心智，也就具备了强大的天然优势。"直销电脑"第一个进入消费者心智时，戴尔还是个学生，康柏、IBM 虽然势力强大，却仍然阻挡不了戴尔前进的步伐。

人们都讨厌改变，第一个进入消费者心智，便会出现心理学家所说的："人总是喜欢保留已有的东西。"人们为什么总喜欢抓住过去的东西不放，喜欢沉溺于回忆？因为目前是我们正在经历的，多了一些琐碎与平庸，而未来又是不可预知、难以把握的，只有记忆中的一切，任何人都无法抹去。

记忆的这种特殊功用，会使领导者作为该品类的代名词而被消费者广泛接受。正如人们想吃快餐时，会说要去麦当劳一样。所以，要经常提醒自己：成为领导者是企业发展的最佳方案。

八、成为第一

在消费者的头脑中，通常都有一个固定标尺：谁是第一，谁就是最好，谁就最让人信服。这个"第一"的标尺左右着消费者的行为，决定着企业的市场份额。

有新进者？后面慢慢候着吧。只有前几名才有发言权，尤其在消费者购物的时候，任何企业都不能逼着消费者买东西。如果你在同类产品中一点名气都没有，估计早就被消费者抛到九霄云外了，还谈什么发展和前途。

在大部分保健品都竭力将自己定位于"药品"时，"脑白金"则第一个强调自己是一种能带给人们健康的礼品，并极力宣传一种"送礼更要送健康"的消费理念。正是由于这种敏锐的定位观察能力，使其在短短两三年之内，创造了十几亿元的销售奇迹。

只有强者，才有机会来证明自己，现实是不会给你时间去解释失败的理由的。企业要想做大、做强，最好的办法就是成为某种意义上的"第一"，成为某个领域内的"老大"。

一个"第一"，效果十分明显，这就是定位的价值。无论是高端产品，还是中低端产品，无论是小吃店，还是大公司，都必须要有自己的定位。有了定位，你才会有卖点，消费者才会记住你、光顾你，你才能生存下来，才有机会发展、壮大，成为行业的"领头羊"。

有一句话说得好"有条件要上，没有条件，创造条件也要上"；如果没有"第一"，就自己创造"第一"。就像是爬喜马拉雅山，你肯定不是第一个爬上喜马拉雅山的人。可是，爬上喜马拉雅山的人有中国人、有美国人，有日耳曼人、有犹太人，有老人、有年轻人，但就是没有女性，如果你正好是一位女性，就可以说：我是第一个爬上喜马拉雅山的女性——这就是创造"第一"。

移动互联网时代，找不出某种现成的"第一"，就去创造"第一"这个概念。技术、物质的独特性有限，而情感、思想的独特性则是无限的。

在任何一个领域，我们都可以这样无限地细分下去，在某种意义上，你的企业没准也是"第一"，就看你如何去挖掘了。

第六节　品牌差异化定位的五个步骤

一、分析市公司与竞争者的产品

品牌差异化定位是指企业对自身产品在特殊功能、文化取向及个性差异上的商业性决策，它是建立一个与众不同的品牌形象的过程和结果。换言之，即指为某个特定品牌确定一个区别于竞争品牌的卖点和市场位置，使商品在消费者的心中占领一个特殊的位置。

移动互联网时代，如何才能感知品牌的差异？要对自己的产品和竞争者的产品进行分析，让消费者切切实实地感受到其中的差异，更好地对自己的产品进行定位。

可口可乐和百事可乐是饮料市场无可争议的顶尖品牌，在消费者心中的地位不可动摇，许多新品牌无数次挑战，均以失败而告终。然而，七喜却以"非可乐"的定位，成为可乐饮料之外的另一种饮料选择，不仅避免了与可口可乐和百事可乐的正面竞争，还巧妙地从另一个角度与两种品牌挂上了钩，使自己提升至和它们并列的地位，稳坐市场第三把交椅。

由此可以看出，七喜的成功主要是"品牌差异化定位"的成功。那么，我们应该如何分析本公司和竞争者的产品呢？可以从以下几方面进行分析：

（一）看看各自的成本优势在哪里。成本优势是公司的产品依靠低成本获得高于同行业其他企业的盈利能力。在很多行业中，成本优势是决定竞争优势的关键因素。企业一般通过规模经济、专有技术、优惠的原材料和低廉的劳动力实现成本优势。取得了成本优势，企业在激烈的竞争中便处于优势地位，在竞争对手失去利润时企业仍有利可图，亏本的危险较小；同时，低成本的优势，也使其他想利用价格竞争的企业有所顾忌，成为价格竞争的抑制力。

（二）看看各自的技术优势在哪里。企业的技术优势是指企业拥有的比同行业其他竞争对手更强的技术实力及其研究与开发新产品的能力。这种能力主要体现在生产的技术水平和产品的技术含量上。在现代经济中，企业新产品的研究与开发能力是决定企业竞争成败的关键。

（三）看看各自的质量优势在哪里。质量优势是指，公司的产品以高于其他公司同类产品的质量赢得市场，取得竞争优势。由于公司技术能力及管理等诸多因素的差别，不同公司间相同产品的质量是有差别的。

（四）看看各自的产品市场占有率如何。分析公司的产品市场占有率，在衡量公司产品竞争力问题上占有重要地位，通常从两个方面进行考察。其一，公司产品销售市场的地域分布情况；其二，公司产品在同类产品市场上的占有率。

（五）看看各自的品牌战略有何差异。品牌是一个商品名称和商标的总称，它可以用来辨别一个卖者或卖者集团的货物或劳务，以便同竞争者的产品相区别。一个品牌不仅是一种产品的标识，而且是产品质量、性能、满足消费者效用的可靠程度的综合体现。品牌竞争是产品竞争的深化和延伸。

二、找出差异性

差异化的核心是产品的差异化，产品差异化的关键是消费者认知的差异化。只有差异化才能有更高的价值，必须先找到差异点，塑造差异化，让消费者认知并认同这种差异。

全国做 SEO 培训的有上百家，竞争非常激烈，作为一个后来者，半点优势也没有，可是有个青年人经过调查发现，其他的培训无一不是针对独立网站的。所以，他就避开这个领域，只针对博客、阿里旺铺、淘宝店铺来做 SEO 培训，成功地与国内其他的 SEO 培训师和培训机构区别开来。青年人的培训具有一种"唯一性"，很快成为这个领域的老大，并且迄今为止仍然是"唯一"的一个。

再举个身边的例子。

现在的火锅店众多，竞争相当激烈。可是，来自四川资阳的海底捞火锅却独树一帜，赢得了消费者的一致推崇，并在众多消费者心目中留下"好火锅自己会说话"的良好口碑。

海底捞始终秉承"服务至上、消费者至上"的理念，将用心服务作为基本经营理念，致力于为消费者提供"贴心、温心、舒心"的服务，以高质量的服务在火锅市场中占据了一席之地。

对于海底捞火锅来说，虽然有些服务会增加一点运营成本，但这种付出是值得的。与稳定消费者源、不断扩大的忠实消费群和品牌的美誉度相比，这种投入十分划算，这也正是海底捞的聪明之处。

如今，产品或服务的同质化日益严重。越来越多的人勇猛地闯进那些看起来很好卖的产品或服务领域，然而结果并不尽如人意，最后不得不放弃，浪费了很多时间和金钱。所以，首先找出产品或服务与竞争对不同之处，才能从一开始就立于不败之地，成功才会变得迅速而简单。

移动互联网时代，要么差异化、要么死亡。

三、列出主要目标市场

所谓目标市场是指，企业选定作为其营销对象的消费者群体，其选择正确与否直接关系到企业经营的成败。就像是作战一样，一个战役选错了主攻方向，作战再勇敢也难取胜。

老虎虽然是兽中之王，却害怕山雀的粪便，只要粘上它，虎皮就会溃烂。熊号称动物中的大力士，但它的鼻子却很脆弱，只要用力猛击一下，就会昏倒……最凶猛的野兽都有自己的致命弱点，最优秀的谋略便是攻其不备、出其不意。

"无备"、"不意"之处是致命的弱点，是成功谋略的着力点，即目标。

商场如战场，竞争如战争。在市场经济条件下，市场竞争者越来越多，风险与损失的程度也越来越大，正确地选择目标市场，是企业成功的主要因素。

扬子冰箱总厂是在 1980 年 6 月联合安徽 9 家亏损乡镇企业而组建起来的电子电器公司的龙头企业，由于准确地选择了目标市场，才得以连创佳绩。

扬子冰箱总厂筹建时，国内已经有 166 家企业生产电冰箱，产品品种大多数在 150～180 立升，而 180 立升以下的产品基本上适应于城市小家庭的需要。

　　在了解行业现状的基础上，该厂以地理变数作为市场细分的标志，细分出不同需求特征的消费者群体，结合自身经营资源，公司确定以渔区、牧区、矿区作为自己的目标市场，生产 200 立升以上大规格、大冷冻室的产品，以适应市场消费需求的特征。产品一推出市场就成为抢手货，当年产值达到 1.87 亿元，利税 6250 万元，创汇 190 万美元。

　　在现实经济生产中，进行新产品开发时，很多企业总是热衷于追求市场上的时髦、走俏的热门产品，认为开发这类产品市场风险小、成功率高、效率来得快。由于争相开发，结果产品生产越多，库存积压也就越多，可是，初期制胜者在进行新产品的开发时，却避开了被同类企业用同类产品占领并基本上处于饱和状态的市场，挖掘潜在市场，及时抓住市场上竞争对手的弱点，开发出新的适销对路的产品。

四、指出主要目标市场的消费者态度特征

　　日本本田公司的摩托车初进美国并没有打开市场，通过市场调查得知，许多人将摩托车同不良少年、犯罪活动联系在一起。要打开市场，就必须改变公众的这种态度，于是公司以"你可在本田车上发现最文雅的人"为主题，展开了促销活动，改变了人们对该车的态度，取得了很大的成功。

　　再如，"金龙鱼"是调和油市场的强势品牌，其广告由最初的"温暖亲情——金龙鱼大家庭"到"健康生活金龙鱼"，知名度快速提升。可是，并没有让消费者感觉到它有什么好处。后来，金龙鱼推出了关键的"1∶1∶1 最佳营养配方"的理性诉求，形象地传达出金龙鱼是三种食用油调和而成的特点，又暗示了只有"1∶1∶1"的金龙鱼才是最好的食用油，带动了金龙鱼品牌的整体提升。

这两家公司的成功之处就在于抓住了消费者的态度。

在产品的经营活动中，消费者的态度决定了一切，谁抓住了消费者的态度，谁就赢得了市场。那么，何为消费者的态度呢？消费者的态度是指消费者对客体、属性和利益的情感反应，即消费者对某件商品、品牌，或公司经由学习而有一致的喜好或不喜欢的反应倾向。

人们几乎对所有事物都持有态度，这种态度不是与生俱来的，而是后天习得的。比如，我们对某人形成好感，可能是由于对方外貌上的吸引，也可能是由于其言谈举止的得体、知识的渊博、人格的高尚等。不管出于何种缘由，这种好感都是通过接触、观察、了解逐步形成的，而不是天生固有的。

态度一经形成，具有相对持久和稳定的特点，并逐步成为个性的一部分，使个体在反应模式上表现出一定的规则和习惯性。同理，消费者对产品、服务或企业形成某种态度，并将其储存在记忆中，需要的时候，就会将其从记忆中提取出来，应付或帮助解决当前所面临的购买问题。

态度有助于消费者更加有效地适应动态的购买环境，使之不必对每一新事物或新的产品、新的营销手段都以新的方式作出解释和反应。一般来说，消费者的消费态度一经形成，就会拥有以下几个特点：

（一）对象性。如品牌、商场、价格、服务、广告等。

（二）习得性。在后天的社会生活中通过接触、观察、了解形成的消费态度，途径为亲身体验、广告、他人评价。

（三）内隐性。态度是存在于人们内心的认知、情感和行为倾向。

（四）稳定性。一经形成，就将持续一段时间，甚至逐步成为个性的一部分。

（五）可变性。态度也是可变的，会随着主客观因素变化而改变。

五、与目标市场相匹配的企业资源

所谓企业资源配置就是根据企业在战略期所从事的经营领域和确立竞争优势的要求，对自己所掌握的各种资源进行合理分配，形成可以满足战略需要的经营结构或战略体系。

具体来说，企业资源就是人力资源与资本资源。人力资源的优与劣，人力资源结构的科学合理性，对资本资源是否能充分发挥效能起关键作用，因此，企业要想获得长远发展，就要有高质量的人力资源做后盾。

企业的资本资源主要为固定资产、流动资产、无形资产等，这些都是企业实力的象征，是企业经营的基石。没有资本资源的企业是不可能存在的，企业资本资源的规模及先进性，是企业经营成败的必备条件。

当今企业市场竞争，大多都伴随着科学技术的应用，不具备一定规模的优质资源，也就不具备参与竞争的资格。企业具有良好的资源，也就具备了进入市场的合格证。要想在市场中生存与发展，就必须按市场配置资源。

在计划经济时期，企业缺乏人力资源的概念，忽视了人力资源的作用，在经济转型中，面对市场就会显得束手无策。移动互联网时代，新的人才观、人力资源观，对企业的用人观的转变形成了良好的指导，企业配备什么样的人才，如何设置自己的人力资源库，都要紧贴市场，站在市场前沿，符合市场要求。

选拔人才，要重点考察对未来市场的适应能力，只有不拘一格选人才，才能使企业很快适应市场，走出摆脱困境发展壮大之路。面对复杂多变的市场，企业的用人观要随之转变。如果想适应市场，就要改变向"后看"的选拔人才的观念，树立向"前看"的建立人力资源机制的理念，根据市场要求制定出适应经济发展的人力资源制度。

第四章

移动互联网时代下，如何重新定义品牌营销

第一节　移动互联网时代的品牌营销变革

一、企业开通自媒体账号的重要性

移动互联网时代，"人人都有话语权"，各企业都在尝试摆脱对传统媒体的过度依赖，寻找与目标客户群精准互动、进行有效的关系管理的新渠道。一时间，大大小小的企业纷纷通过企业官方网站、微博、微信公众号、移动终端的方式建立自己的媒体平台，用这些低成本、自主化的方式进行品牌塑造和营销管理。这时，树立正确的自媒体思维，掌握自媒体运营的有效方法，也就成了企业需要面对的重要问题。

对品牌公司来说，自媒体是一个巨大的宝藏，可以为公司做很多事情。开通自媒体账号，可以帮助企业快速推广品牌、快速获取用户，跟用户建立一个有效的沟通和服务通道。

移动互联网时代，信息爆炸，产品丰富，最重要的资源既不是传统意义上的货币资本，也不是信息本身，而是大众的注意力。谁抢夺了大众的注意力，谁就抢夺了财富。对于公司来讲，必须懂自媒体。即使不知道如何操作，但也要知道是怎么回事。

企业运营需要品牌传播，需要整合营销，需要与用户互动。过去企业要想借助传统媒体的力量，必然要遵循传统媒体的规则，企业感到处处掣肘，而自媒体的兴起，让企业看到了摆脱传统媒体束缚，寻求突破的曙光。企业建立自媒体的意义如下。

（一）有利于公司形象的塑造。PC 端的官网，即时性的互动功能比较差，会给人一种冷冰冰的感觉。如果信息展现不到位，普通访客自然不会浪费太多的时间，因为顾客的选择太多了。所以，企业一定要动起来，要主动跟访客互动，主动表达自己，并耐心倾听他们的需求。自媒体就是要充当这样一个角色，企业自媒体存在的价值，就是要把通常官网上的官话套话用顾客听得懂并且喜欢听的方式表达出来，让企业形象更接地气，这也是移动互联网时代对内容的基本要求。

（二）方便企业近距离接触客户。在过去的纯真年代，做广告的渠道非常有限。资金雄厚的公司会花钱在电视、报纸、杂志上做广告，而资金薄弱的公司只能选择传播能力更差的广告方式了。以前的广告都有一个特点，就是离用户太远了。电脑和网络出现后，无孔不入的广告让我们大开眼界，防不胜防。

网络的开放性迫使企业主动进行布局，主动接触用户。既然大家都喜欢上网，都无法离开手机，就要多利用网络的优势向用户做宣传，就要让用户充分了解你。如果你不主动一点，用户根本看不到你。

（三）为企业赚吆喝。自媒体的责任之一，就是为企业吆喝，让大家知道你究竟在做什么，并解释你所做的事情对顾客有什么好处。这种吆喝分为两种：自我的表达（媒体报道、品牌特点等）、对舆论的引导。顾客在接触品牌的过程中，会产生多种疑问甚至误解，需要有人进行话题引导，为好的言论助力，把不好的言论圆回来。只有这样，网络上的品牌形象才会比较完美，继而提高品牌的信任度和订单量。

（四）为企业做宣传。企业的自媒体虽然不一定要做很多推广去吸引流量，却可以为企业积累很多有价值的内容。无论是公关稿，还是有趣的微信帖子，或者放在网站上的一套理财入门教程，都是品牌的网上资产。这些内容有累积效应，可以像滚雪球一样越滚越大，让品牌在移动互联网上的声量越来越大。从引流来说，投广告可能效果不大；做内容引流可能会慢些，但它会让流量持续不断地稳步增长。

二、从大众营销到分众营销

传统的大众化营销模式针对的是广泛的消费者，不但不能有效区分真正的目标消费者，更不能区分细分后的目标消费者。因此，撒大网式的传统大众化营销模式，往往会导致广告成本的上升，出现广告资源的严重浪费。并且，随着消费者可接触媒体的增加，以及大众媒体竞争的加剧，这种浪费会越来越严重。这种浪费直接导致了企业营销成本的飙升、行业竞争门槛的水涨船高，企业的市场风险也由此增加。

现在，没有强大的资本支撑，一个品牌广告根本就不可能形成影响。因此，如果还像以前一样，不加细分和规划，采取撒大网式的大众化营销模式、砸钱做广告，无异于用牛刀杀鸡，很可能会出现"播下龙种，收获跳蚤"的现象。

而分众营销则不同，它的优势就在于强调的是"分"，强调将广义的目标消费群体进行细分，找到真正属于自己的目标消费者。由于针对性较强，产品的营销向心力就会更集中、效果更显著。

从理论上来讲，分众营销的精髓就是"精确"、"细分"、"实效"。分众营销并不会占领所有的目标消费群体，不会生产目标消费者需要的所有产品，不会进入所有广义的产品渠道，不会制定细分目标消费者所不能承受的价格，不会进行广种薄收式的传播、促销方式……

总之，分众营销所做的就是在最恰当的地点，用最精确、最经济的方式把品牌产品卖给最需要的目标消费者，最大限度地降低成本和杜绝费用浪费，将营销的效力发挥到极致。

三、企业创始人网红化——最低成本的品牌营销

移动互联网时代，已经产生了一些独特的有别于传统线下品牌营销的趋势。

首先，品牌从"大而全"向"小而美"转化。随着移动互联网的发展，以往长尾市场中难以被挖掘和满足的小众商品需求逐渐得到实现。阿里巴巴数据显示，过去三年，中小品牌商品交易额占比提升了 10%。中小品牌以更个性化而贴切消费者需求的姿态获得了市场的青睐，得到了消费者的认可。

其次，基于兴趣社交和粉丝经济的品牌运营模式更加普遍。兴趣社交可以产生用户黏性和忠诚度，当群体中出现具有某方面一技之长的"意见领袖"时，兴趣群体很可能会演变成粉丝团体。而"意见领袖"可以通过经验分享、互动来加速粉丝数量的积累，将兴趣与产品巧妙结合在一起，将粉丝转化为巨大的潜在消费群体。这些年涌现的"网红"店铺就是这一模式很好的例子。

2015 年"6·18"大促中，销量前十的淘宝女装店中的 7 家是"网红"店铺，甚至有的店铺仅用了 2 个月就做到了 5 个钻的卖家信用等级，堪称淘宝"奇迹"。店铺上新成交额突破千万元，表现不亚于传统一线知名品牌。其实，数以亿计的销售额背后是社交媒体上超过百万级粉丝的支持。数据显示，淘宝平台上的网红店铺多达上千家，消费人群中女性占 71%，绝大多数

为18～29岁的年轻女性。

网络红人是"精神领袖"，他们以社交为突破口，可以将移动互联网品牌营销与消费者的痛点结合在一起，打破了传统商业与社交的界限，使消费者在社交互动时潜移默化地接受品牌植入。

与传统品牌选择明星作代言打响知名度不同，网红本身即品牌。店铺鼓励粉丝分享购物体验（如买家秀），不仅可以增加消费者的参与感和情感共鸣，还能够让更多的潜在消费者更直观地了解产品，借口碑的传播提升知名度和美誉度。国外研究也证明，通过 Linked In、Twitter 和 Facebook 分享和评论后，移动互联网渠道的转化率比行业水平高2%，其中 Twitter 的转化率高达6%。

通过社交网络兴趣群体建立的强关系链接，对网红店铺的成本构成和运营模式造成巨大的影响。数据显示，线下品牌获取新用户的成本是留住老用户的4～6倍，老用户损失率每减少2%就相当于降低了10%的成本，而典型"网红"店铺的老消费者占比通常高达70%。

此外，红人品牌还能准确快速地获得跨平台消费数据、了解粉丝的喜好。比如，店铺"LIN家"，借淘宝和微博跨平台的大数据支持，"LIN家"能够知道哪张图片最受欢迎、粉丝的浏览时间及购买变现数据。收集粉丝的评价，就可以在众多推介中选最受好评的产品改进投产。借助可量化的数据指标，实现了精准营销，迅速定位粉丝需求，及时调整产品和优化运营策略。

第二节　移动互联网时代，重新
定义品牌传播新模式

一、重新定义品牌影响力——新影响力

互联网是一种工具，移动互联网则是一个时代——这是笔者在多地讲课时经常提及的一句话。在渠道解放、内容为王的当下，企业、机构、媒体、自媒体纷纷开通各类媒体通道，希望借此提升品牌价值时，却发现注意力的碎片化、受众群体的复杂化和渠道平台的纷繁等多种因素都影响着传播效能的实现。

如今的品牌传播，至少面临着十个痛点：①目标用户在哪里？②用户究竟在想什么？③怎样的创意是好创意？④新媒体是内容还是载体？⑤渠道这么多，哪些更有效？⑥怎样才能"上头条"？⑦怎样能取得更大的影响力？⑧新媒体账号应该如何运营？⑨爆款传播案例的成功密码是什么？⑩"别人家"的案例这么优秀，为什么不适合自己？

品牌传播存在的问题不止于以上，解决之道只有一个，就是全媒体。全媒体不是静态的平台，而是各类媒体平台之间鸿沟抹平和一体化的过程，只有全媒体传播才能精准触达目标人群，实现最佳效果。移动互联时代的传播本质，就是在覆盖全媒体平台的基础上，借助有不同话语权的主体，连通不

同人群、渠道、时间和空间，形成受众精准、传播迅速、效果可期的链条。

"政治家运用影响力来赢得选举，商人运用影响力来兜售商品，即使朋友和家人也会不知不觉地把影响力用到你的身上。"在罗伯特·西奥迪尼的《影响力》一书中，作者将影响力定义为改变别人观念、影响别人行动的能力。影响力也是移动互联时代的关键词。NewMedia 新媒体联盟有一套传播方法论，叫作"新影响力传播"，之所以在"影响力"前面增加"新"字，一是表明"新媒体时代的传播"，二是强调新媒体在当下传播活动中的重要程度。"新影响力传播"模式，有五个关键词：新思维、新创意、新通路、新体验、新社群。

2014 年年末，笔者发起成立 NewMedia 新媒体联盟，聚合了喻国明、石述思、延参法师、苏芩等国内最具影响力的网络名人，被称为中国第一网络名人联盟。联盟核心理念"新媒体＋"和"新影响力传播"，为传统企业、政府以及各行业提供了新媒体系统解决方案。

何为新影响力？新影响力就是新媒体时代的舆论掌控力。根据人民网舆情监测室 2013 年对 100 位"网络名人"的职业分析，我们发现，媒体人士最多，其次是学者、作家、撰稿人、党政干部、企业家商人、公益人士、律师、演艺名人、网络达人等；另外，有超过三成网络名人活跃于 2 ~ 3 个职业领域，他们是网上意见领袖群体的核心话语权掌握者。

这些高知高产人群，对大众观念的影响力，在新闻热点事件讨论中引导舆论的控制力都是非凡的，段子手、锥子脸网红根本无法与之相提并论。他们的影响力辐射中国绝大部分中产阶级，而中产阶级是一个国家文化价值生产、企业产品消费的核心。

新影响力指数是中国社会科学院"NM 国家传播指数"的核心构成。

2016 年 4 月 22 日，NewMedia 新媒体联盟与中国社会科学院舆情调查实验室联合发布"新影响力指数"，该指数是中国社会科学院新媒体研究中心"NM 国家传播指数"体系中的重要构成。"NM 国家传播指数"系列是一个开放的、不断完善的体系，由一些相对独立又互相关联的指数构成，并随着研究的深入逐步调整变化。

今天，我们需要正视的现实是新媒体时代正在进行注意力到影响力的过渡，建立新媒体时代的价值评判标准，解决"标准痛点"是破局关键。New-Media 新媒体联盟致力于打造"新影响力传播生态"，其与中国社会科学院舆情调查实验室联合发布的"新影响力指数"是这一生态运转的理论基础，新影响力指数的五个测量维度分别是广度、深度、长度、效度和信度。

二、"新影响力传播"方法论的五大步骤

NewMedia 新媒体联盟的"新影响力传播"方法论共分为五大步骤：

（一）新思维。要放弃传统套路，真正用新媒体思维解决问题。传统时代一去不复返，须正视如今这个建立在全媒体、大数据、去中心化基础上的新时代。

万达集团曾是传统模式下商业地产的典范，近年来成为互联网转型最为成功的代表性企业之一。无论是企业创始人网红化的试水，还是聚合集团四百多个新媒体账号，打造企业集团新媒体联盟，都是互联网思维的成功运用。

法国的一些航空公司推出了免费的 APP，旅客可以在移动设备上跟踪自己的行李。之后，在追踪的数据平台上他们发现，有些商务旅行消费者中途在某一城市进行短暂的商业会晤不需入住酒店，行李成了累赘，于是航空公司就推出专人看管全程可追踪的增值服务，此项服务每周的增值服务费大概

为 100 万美元。

基于对数据的洞察，可以产出附加价值。对数据的掌控，就是对市场的支配，意味着丰厚的投资回报。

如今，谷歌每天要处理大约 24PB 的数据，百度每天大概新增 10TB 的数据，腾讯每日新增 200～300TB 的数据，淘宝每日订单超过 1000 万笔，阿里巴巴已经积累的数据量超过 100 个 PB……无数个事实证明，大数据确实已经融入了我们的生活和工作。

移动互联网时代，大数据很火，可是大数据并不是一个简单的精准大数据广告购买的概念，而是品牌企业的营销管理和运营体系。只要是消费者能够与移动技术建立关联的终端和营销平台，都可能形成大数据入口。对于品牌企业来说，如何通过这些大数据的行为形成消费者反馈，并对营销方案进行实时改进，这些是大数据应用的关键。

品牌的传播模式需要彻底重塑，要想实现这样的重塑，就要对广告进行深刻的理解，对消费形态进行深刻的洞察；同时，结合线上线下打通的移动互联网技术，通过场景化、内容化、娱乐化来做品牌，通过 O2O 入口的建立，以及线下大数据整合来重新定义传播。

（二）新创意。就是要为传播活动的内容基础、渠道选择、传播流程等方面策划独一无二的创意，给目标受众留下深刻的难以磨灭的印象。

很多时候，消费者并不排斥广告，在社交媒体时代很多消费者之所以会屏蔽广告，根本原因在于，广告无法成为消费者分享的话题，还干扰了消费者的生活。

比如，当全家人都在吃饭的时候，突然看到电视上出现一个药品广告，消费者就会潜意识里形成抵抗心理，降低广告的说服力。再如，消费者在网页上浏览自己感兴趣的内容时，突然弹出一个广告，就会下意识地关掉。因此，广告如何"场景化"以及如何通过可以谈论的"内容＋场景"的匹配，是所有品牌企业都需要面对的问题。

走进王府井东方新天地，你本来打算买杯咖啡或买件初夏穿的美衣，通过新天地的商用 Wi－Fi 联网发现，商用 Wi－Fi 页面给你推荐了星巴克的咖啡优惠券，还展示了欧时力女装的新品。这些推荐信息，如果正中你意，你就会欣然领取咖啡优惠券，更会接受欧时力女装的新品特惠卡。

其实，这样看起来很简单的推送是基于强大的数据分析和技术手段实现的场景化营销。数字营销不是把消费者带到品牌官网，而是在消费者需要的时刻，为消费者提供需要的信息。简而言之，在对的时间、对的地点，为消费者提供对的信息。

移动互联网的兴起和技术发展促使场景化再一次受到追捧，可以让品牌随时随地接触消费者。那么，该如何进行场景化营销呢？答案就是，通过场景，找到和消费者之间的联系。

（三）新通路。重视新传播渠道的影响力，以包括平面媒体、PC、APP、微博、微信，乃至正在风口的直播全媒体渠道来实现传播策划的降维打击。降维的核心是传播，要超越平台鸿沟，尽可能覆盖受众，让传统的单一渠道转变为复合渠道，单纯的数量叠加升级为化学反应。

（四）新体验。要尊重用户主权，倾听用户的心声，与用户互动，满足用户期待必须重视体验，于细微之处做好用户体验。消费者接触媒介，主要是为了获得有价值的信息。当消费者看到有价值的信息时，很可能就会产生消费行为。这种可能随时被触发的消费行为，值得所有的品牌关注。此外，就像是移动互联网公司抢占入口一样，品牌也需要在移动互联网上抢占入口。

　　银泰百货在商场全面铺设了 Wi‑Fi。消费者只要一走进门店，打开 Wi‑Fi，通信 ID 接近服务范围，移动终端就会接收到门店发送的推送信息。与机场的实名注册一样，用户输入的手机号码将成为重要的身份识别入口。

　　只要第一次进入银泰门店注册后，今后再进入任何银泰的实体门店，都会自动帮助用户建立 Wi‑Fi 连接，对访客（包含购买用户和 VIP 用户）进行身份的识别和定位，建立可交互的渠道。同时，将商品信息目录、购买信息一起导入后台系统，建立用户购买行为分析，构建大数据下的消费决策依据。

　　仔细研究就会发现，其实在银泰百货通过门店 Wi‑Fi 精准定位个性化推荐有效运转的背后，是线上会员数据与线下会员数据的融会贯通。一旦用手机号码连接数据库，就能获取这位消费者过去在网上商店的购物行为，从而利用数据库，为向消费者推荐其喜好的商品。

　　这种合作能够从更加全面的维度上获得用户信息。如果用户在线上被捕获到，通过用户行为数据库里就可以找出他的偏好，就可以通过 Wi‑Fi 系统找到线下的这个人，然后做反向推送。

　　（五）新社群。最重要的一环，也是最高维的一环，就是建立新社群。新媒体传播强调目标精准、交互性和体验性，在大众化向圈层化传播迭代的过程中，社群成为二次、三次、N 次裂变传播的关键。无论内容和渠道主导的"细水长流"还是创意和体验主导的"战役"，其成功的表现就是用户社群的建立。与目标用户产生精神共鸣直击内心刚需，才能形成传播量级，网红经济、IP 经济正是社群经济的升级版，并将在未来进一步展示其威力。社群的关键是意见领袖，一个意见领袖可以聚合一大批粉丝。以笔者亲身体验过的"做一回重庆人"活动为例，这是两次成功的城市品牌营销，更是城市品牌舆情管理体系的全盘化设计。

2015年9月20日，"做一回重庆人·2015微博达人重庆行活动"利用互联网思维及新媒体平台来展现城市形象，来自全国的36位微博达人变身"重庆人"，零距离感受重庆的经济、科技、文化发展。该活动以9205万的阅读量在9月22日登上全国微博话题社会榜第3名，话题总阅读量超1.2亿，讨论量达20.8万。

第三节　移动互联网时代，重新定义品牌营销的聚焦策略

一、市场聚焦

一直以来，睡眠问题成为困扰中老年人的难题，因失眠而睡眠不足的人比比皆是。资料统计，国内至少有70%的妇女存在睡眠不足现象，90%的老年人经常睡不好觉。"睡眠"市场如此之大，可是在红桃K携"补血"、三株口服液携"调理肠胃"概念创造中国保健品市场高峰后，而保健品行业信誉跌入谷底之时，脑白金单靠"睡眠"概念是无法迅速崛起的。

在中国曾有一段时间，只要一提到"今年过节不收礼"，随便一个人都能跟你说"收礼只收脑白金"，脑白金已经成为中国礼品市场的第一代表。作为单一品种的保健品，脑白金之所以能够在极短的时间里迅速启动市场，

并登上中国保健品行业"盟主"的宝座，引领我国保健品行业长达五年之久，最主要因素在于抓住了"送礼"的轴心概念。

中国是个礼仪之邦，年节送礼，看望亲友、病人送礼，公关送礼，结婚送礼，下级给上级送礼，年轻人给长辈送礼等渗透在我们的生活，礼品市场何其庞大。脑白金的成功，关键在于定位于庞大的礼品市场，得益于"定位第一"法则，脑白金把自己明确定位为礼品——以礼品定位引领消费潮流。

任何一种新产品，要想成功推向市场，都需要具备这样的条件：至少先在一个市场进行有效渗透。比如，某个市场有 100 人，一旦有 10~20 个人开始用，就会产生带动效应，其他人就会开始跟风；如果 20 个 100 人的市场，每个市场有 1 个人用，虽然仍有 20 人在用，但效果就会大打折扣，这就是所谓的市场聚焦。

一个有效的市场至少要满足 4 个条件：拥有一群实际存在的消费者；这些消费者普遍都有某些需求；有一系列产品和服务来满足其需求；在决定购买时，市场中的消费者相互参考。

绝大多数创业者、新产品营销人员，对自身市场的定义都是非常模糊和狭隘的。比如，一款沙拉最初的定位是"绿色沙拉，城市新中产消费者人群"，然而，正确的市场描述应该清晰地说明产品如何在一个能够参考意见的群体里满足需求，能够指导员工的具体工作，这是市场策略的基本要求。

上述沙拉定位为：为公司的白领提供一款低热量的绿色食品来代替午餐，同时在同事间展示自己健康生活态度的形象。这样，就更清晰地说明你进入的市场，能够给下一步的市场营销计划进行指导，让每个人知道怎么工作。

为什么需要这样的定义？因为即使完全相同的产品，满足的需求也可能不同，根本就不是一个市场。同样的用户，可能完全满足不一样的需求。

很多时候，同一市场的消费者密度是商业成功的关键因素。选择从哪个群体开始推广，就要选择相互之间能够影响、交流和交换意见的群体。意见交换得越频繁，就越意味着可以利用消费者之间的连锁反应，让他们帮助你承担90%的营销成本。

二、产品聚焦

专注做好产品，品牌就有了良好的根基。一个品牌应该只代表一个品类，比如，说到九阳就想到豆浆机，说到豆浆机就想到九阳。九阳品牌代表了一个品类，为何？因为它专注。

1992年3月，舒肤佳进入中国市场，当时早在1986年就进入中国市场的力士已经牢牢占住香皂市场。可是，经过短短的几年时间，舒肤佳却硬生生地把力士从香皂霸主的宝座上拉了下来。

舒肤佳的成功有很多因素，但关键一点还在于它找到了一个新颖而准确的"除菌"概念。在中国人刚开始用香皂洗手的时候，舒肤佳就开始了它长达十几年的"教育工作"，要中国人把手真正洗干净——不仅要将看得见的污渍洗掉，还要将看不见的细菌洗掉。

在舒肤佳的营销传播中，其以"除菌"为轴心概念，诉求"有效除菌护全家"，并在广告中通过踢球、挤车、扛煤气罐等场景告诉大家，生活中会感染很多细菌，显微镜下的细菌会"吓你一跳"。然后，舒肤佳再通过香皂内含抗菌成分"迪保肤"的实验来证明舒肤佳可以让你把手洗"干净"，另外，舒肤佳还通过"中华医学会验证"来增强品牌信任度。

舒肤佳的成功，就在于产品聚焦。所谓的产品聚焦就是指聚焦多方面的力量，研发、生产、推广和销售一个单品，实现以点带面。即通过一个单品销售的提升带动其他单品乃至于企业整体销售的提升，而这个单品就是我们通常说的"明星单品"或"黄金单品"。

实施产品聚焦策略尝到甜头的代表品牌就是家喻户晓的大宝 SOD 蜜，其正是凭借一瓶 SOD 蜜做大了整个企业，赢得了外资的垂青。此外，通过实施产品聚焦策略而迅速发展壮大的品牌还有很多，比如，商超渠道的隆力奇当初主推蛇油膏；丁家宜当初主推"一洗白"洗面奶等。

美国营销大师、定位之父艾·里斯说："市场营销就是开创一个新品类（是一个不是几个）并主导这个品类。"我很认同这句话，打造品牌最重要的就是让你的品牌成为这个品类的代名词，并且一个品牌通常只代表一个品类。

产品是品牌的根基，如同奥迪代表高贵、沃尔沃代表安全，这都跟产品的特性紧密联系在一起，品牌如何找到自己的定位，首先就是将产品做好。

三、消费者群聚焦

2013 年开创了以"E 大悦城战略"为核心的实体商业体验经济先河，年度主题是"商业聚焦体验"；2014 年以"产品、服务、数据、营销、文化"五大创新再塑标杆，年度主题是"商业聚焦创新"；2015 年，大悦城将目光投向了"消费者价值"的重构，旨在立足消费者。

大悦城地产商业论坛，邀请 30 位品牌、行业协会高管及 2 位超级消费者代表，围绕"商业聚焦消费者价值"主题，煮茶论道，展开了深入的观点碰撞。会上首次发布了《大悦城消费者价值白皮书》，表明大悦城将全面从"社群"概念，开展消费者的价值管理。

大悦城通过对 1200 余会员进行了深度访谈和调研，从以下多方面进行了客群研究，发现了许多有价值的数据和趋势：①消费者活跃度高、忠诚度高、消费额高；②消费多元化与品质化大趋势；③支付多元化的趋势；④购物社交化趋势明显；等等。基于这些数据，在社群思维下开展消费者价值分析，就可以产生核心客群。

任何一个品牌，在营销自己的产品的时候，一定要聚焦消费者群体。因为每个品类都有自己的重度消费者群，与其全面进攻，不如聚焦资源，为特定的人群提供服务，实现这部分人群的利润贡献率最大化。

尤其对于一个刚切入市场的新品牌，更要确立该品牌的源点消费群体，即这个品牌在第一阶段所努力召唤的消费人群，该品牌能满足这个群体的某个核心需求，或者能解决他们某个具体的难题。

另外，选择源点消费群体时必须考虑到，该人群是否具有代表性和影响力。有些中国消费者缺乏独立的判断能力，喜欢跟着自己信任的人群或者与自己相似的人群进行购买。如果品牌能率先赢得源点消费群体，就能够利用这种示范性和影响力取得大规模的消费扩散，进而实现第一阶段的成功突破。

六个核桃便抓住了其源点消费群体——白领和学生。众所周知，核桃是补脑的好东西，六个核桃的定位便是"经常用脑，多喝六个核桃"。白领阶层和学生群体是用脑最多的群体，他们对补脑的需求最大，经常喝六个核桃能缓解大脑疲劳。白领和学生属于核桃露的典型消费群体，且具有消费示范作用和影响力。

同样，作为中国饮料行业最成功的品牌之一，红牛定位于功能饮料，早期的广告语是"补充能量，精力十足"。红牛最早将自己的重度消费群体锁定在体育爱好者，具有代表性的是学生群体和运动员，后来加入开车一族，所以红牛的宣传主要向这些群体发出消费召唤。

四、执行聚焦

有人说过：中国的企业不缺乏思想，不缺乏人才，也不缺乏严谨的制度，更不缺乏可行的发展战略，而是缺乏执行力。何为执行力？众说纷纭。

站在纯理论的角度上定义，执行力指的是贯彻战略意图，完成预定目标的操作能力。它是企业竞争力的核心，是把企业战略、规划转化成为效益、成果的关键。我认为，执行力隐含着两层含义：一层是指执行行动力，即某人或某个团队或者一个组织在战略、目标、制度、流程等上面的执行行动力；另一层含义则是指执行行动成果，也就是说，这样的人或团队或者组织按照标准程序坚持不懈地去执行，其成果如何。

为何要将执行力分拆？原因很简单。当我们把执行力分拆成两层含义后，就可以促使我们更快地找到影响执行力结果的真正原因。

关于执行力，主要存在的问题是：政令不通畅；制度无人执行或部分执行根本执行不下去；员工对公司战略不清楚；流程阻塞；工作效率低下；各自为政；不愿意承担责任；无法实现销售目标；财务各项指标偏低、新消费者开发不力；较高的消费者流失率；消费者投诉；产品品质达标率不高；等等。

如何改善这些情况，如何提升执行力，这是现代企业家都深度关注的问题。首先应对执行力出现问题的区域划分清楚，然后才能对症下药，找出提升执行力的解决之道。

五、兵力聚焦

在人类的战争史上，集中兵力是最基本的一条原则。拿破仑说："在战争中，胜利属于懂得怎样在决定性的地点集中最大兵力的一方。"这一原则同样适用于品牌的构建。

将企业的注意力集中在一个层面上，找到节点，找到关键人，之后在节点及关键人上投入优势资源，即投入人力、财力和时间。

刚开始做品牌的时候，想将每个环节都处理得无懈可击，这是不可能的。无处不守，则无处不弱。将绝对优势的资源配备在关键点上，是高屋建瓴之法。但集中兵力，并不代表要将全部资源都压在一个点上，而是要将优势资源集中在一个点上，其他的点还是要分配一些资源，不是不分，而是少分。集中，不是为了集中而全部集中，只要取得相对对手的绝对优势即可。

格兰仕，是中国家电企业中产业聚焦品牌营销模式的典型代表。1993年，格兰仕微波炉进入市场，仅用了短短的 5 年时间，就位居世界第一，占据了国内微波炉市场的半壁江山。

其实，格兰仕并不是中国微波炉市场的始创者，在它之前已经出现了三洋、松下、三星、LG、惠而浦等数十个品牌，市场竞争异常激烈。格兰仕之所以能够在市场中迅速脱颖而出，并大跃进式地成长为世界级的微波炉霸主，主要是因为其采用了以"产业聚焦"为核心的品牌营销策略。

格兰仕先将自己的资源集中在微波炉产业，通过产业规模获得了成本优势之后，再将成本优势转化为价格优势，凭借价格优势，迅速扩大了市场规模……如此循环递进，最终取得了巨大的成功。

为了实现上述的发展思路，格兰仕在实践中摸索和制定了有针对性的教育营销、价格攻战和新闻炒作等系统性的营销策略。

当时，微波炉是一种新型家电产品，许多消费者都不太了解。格兰仕意识到，要想扩大微波炉这一消费市场，首先就要让大家了解它、认识它，知道它是非常有用的。从 1995 年起，格兰仕就开始在全国各地开展了大规模的微波炉知识推广普及活动，宣传微波炉。

格兰仕在全国各地 150 多家报刊上以特约专栏的形式开设了"微波炉使用指南"、"专家谈微波炉"等栏目，全面介绍微波炉的功能、使用、维护和保养等，不遗余力地介绍微波炉的基本知识，让微波炉这一产品深深地留在消费者头脑中，从而促使消费者产生购买微波炉的欲望。

为了更加深入地推广微波炉，格兰仕还聚集了国内一大批专家学者，花费一年的时间，编出了目前世界上微波炉食谱最多、最全的《微波炉使用大全及美食 900 例》，连同《如何选购微波炉》、《如何保养微波炉》等小册子组成系列丛书，在全国 30 多个城市的大型商场开展赠书活动，向消费者输送微波炉概念。

所谓兵力聚焦，就是坚持产业单一化、规模化经营，将所有生产要素投入到单一产业中，做大做强，扩大生产规模，通过规模经营，促使企业超常规发展。其基本思路为：迅速扩大市场，通过规模效应，降低经营成本；通过规模效应，增加技术投入；通过规模效应，提高品牌竞争力。

六、传播聚焦

随着彪马加入吉列、星巴克和斯沃琪等生活时尚品牌的行列，其以产品功能为重点的营销方式发生改变，转而向消费者推广一种生活方式。

过去，彪马的营销都是围绕足球鞋等高性能运动产品展开的，邀请过球王贝利和马拉多纳等体育界巨星担任形象代言人，对其产品进行推广。如今，彪马不断拓展自己的产品线，在延续传统的高端运动装备设计和制作之外，由专业体育领域进入生活时尚领域，将营销重点放在了生活方式上，不再强调产品本身的功能表现，力图将品牌塑造成一种生活方式的选择。其实，彪马在营销策略上如此戏剧性的转变并非毫无缘由。

2007 年，彪马被世界最大奢侈品集团之一的法国巴黎春天百货集团收购，将其作为该集团组合投资中长期战略的一部分，期待从中获取更高的业务增长和利润。

此次收购能够达成的一个重要原因就是，彪马与阿迪达斯和耐克之间的竞争越来越激烈，品牌间的产品同质化越来越明显，彪马已无法守住自己的设计师运动装备市场，只能将营销重点从产品功能转移到产品所代表的生活方式上。这一选择，不仅让彪马有效地避免了竞争中的正面打击，还触动了消费者的内心，在双方之间建立起更个性化的联系。

生活方式营销成功的关键在于，满足消费者表达自我的需求。一个成功的生活时尚品牌，代表着一种独特的生活方式，而消费者则能够通过消费该品牌产品来展现自我个性。然而，消费者自我表达的需求和其他很多需求一样，很容易过度饱和。这就意味着，当消费者能够通过其他途径充分展现个性时，大量生活时尚品牌的卖点也就是失去了吸引力。

基于产品功能的竞争一般都发生在同行业的品牌之间，与之相比，以生活方式为重点的营销却将不同行业的品牌都放在了直接竞争关系中，竞争要残酷得多。彪马转变了营销方式，同时也带来了更多的竞争对手。

彪马不仅要面对对手在运动装备市场上继续竞争，还不得不面对与其他行业的生活时尚品牌的竞争。这些对手不仅包括传统的生活时尚品牌，如古驰和拉尔夫劳伦等，还包括对很多消费者有着身份象征作用的功能性品牌，比如，吉列、哈雷戴维森、星巴克、斯沃琪和苹果等。彪马向生活时尚品牌转型，激烈的跨界竞争成了其面临的最大问题。

七、品牌延伸

关于品牌的延伸，苹果就是一个很典型的案例。

苹果品牌的核心竞争力是创新、美丽的设计，以及提供温暖与热情给那些对科技有恐惧感，却生活在想存活就必须懂计算机的人。苹果是创新品牌的代表。过去苹果是计算机软硬件制造商，可是苹果超越计算机领域，并持续创新成为数字媒体制造商。

从计算机进入手机（iPhone）这一段的品牌移转，或许苹果并没有做得很成功，但它从音乐播放市场（iPod），建立随身携带与音乐新的品牌联想，再延伸到 iPhone 的成果却是惊人的。这个成果延伸成功关键就在于惊人的科技成就，超酷感，友善使用设计，时髦美感。

所谓品牌延伸就是，将现有品牌延展至新业务。"现有品牌"一般都是指具有优质品牌资产的品牌，有良好的受众基础和品牌形象。"新业务"有两种：一是向同一群消费者销售新产品，比如向海尔冰箱的消费者卖智能电视；二是将同一种产品卖给新消费者，比如招商银行将一卡通卖给大一新生。

在理想情况下，品牌延伸可以撬动已有品牌资产，实现业务成长，同时大大提升品牌价值。比如，华为通过撬动其强势的品牌形象（为电信运营提供解决方案）来支持终端业务，有效支持了智能终端业务成长。同时，有了强势消费者智能终端业务支撑，华为的品牌价值内涵更丰富，品牌更强大，成了具有全球影响力的中国品牌。

当然，虽然说品牌延伸是一本万利的好买卖，可是品牌延伸策略要考虑的因素有很多，品牌延伸同样存在风险。因此，在进行品牌延伸时，就要按照以下几个步骤进行：

第一，对品牌进行全方位的检测，确定品牌的核心价值。

第二，让消费者说出能与品牌核心价值相包容的产品或品类，将它们作为备选产品或产品品类。

第三，通过消费者概念测试，确定最终被选定的可以延伸的产品或品类。

第四，根据对品牌核心价值的判断，确定用什么品牌架构进行品牌延伸。

八、品牌分化

将品牌进行分化，用目标品牌在全球范围推广其产品，摩托罗拉是第一家。

虽然说，今天的摩托罗拉已经今非昔比，可是在过去的一段时间里，其却靠着自己的品牌分化策略，占据了手机市场的半壁江山，依然值得我们借鉴。其之所以能够取得引人注目的成绩，关键在于品牌的分化。

摩托罗拉经过 3 年的全球市场调研发现，随着手机外形功能的改善与发展，衍变出了各种文化价值与内涵。各式各样的手机在不同的人手中体现出不同的个性与身份，人们希望通过手机来表现自己与众不同的气质。因此，将品牌进行分化来推广手机，会比继续使用一个摩托罗拉品牌效果更好。

摩托罗拉这个品牌给消费者的印象一直是一个传统的、重视技术突破的"工程主导型"的品牌形象，使用摩托罗拉手机的人必定是事业成功的消费者。

随着市场的不断扩大，市场需求发生了很大变化，消费需求出现了多样化，消费者对品牌的要求也越来越高。鉴于此，摩托罗拉赋予了品牌全新的营销观念，确定了全新的目标品牌战略，推出了四个品牌——天拓（AC-COMPLI）、时梭（TIMEPORT）、V.（V dot）和心语（TALKABOUT），分别对应科技追求型、时间管理型、形象追求型和个人交往型等不同的目标市场。

　　对于这些不同的市场需求，摩托罗拉原有的品牌形象已经不能适应了，如果再继续使用一个摩托罗拉品牌，就不容易激发起消费者新的喜好。手机是一种非常个性化的产品，它需要具体的形象。

　　摩托罗拉将品牌进行分化，针对不同群体的消费者量身定做产品，其对消费者的服务更加到位、更加体贴；同时也让消费者感受到更具体、更亲切、更友善的品牌形象，让消费者相信这些品牌的手机就是专门为自己设计的，从而在选择上感到更加容易。这也正是摩托罗拉新的营销观念的核心。

　　只有分化才能更好地满足消费者的多样化需求，只有分化才更容易成功打造品牌。

第四节　运用"互联网思维"做品牌营销的技巧

一、好产品自己说话

用产品来推动服务，用产品塑造品牌，一切都以产品为核心。

　　正如迈克尔·哈默所说："豪华大巴司机的微笑永远也不能替代汽车本身。"消费者更重视他们所得到的最终产品，采用再好的营销手段，最终还是要靠产品来说话。

　　移动互联网时代，消费者的消费心理及消费习惯都发生了巨大变化，需要一种新的营销模式来提升产品的消费价值，创造好的产品，让好产品自己去说话。

苹果价格高，为什么还有那么多的人愿意买呢？这就是苹果的魅力，好产品自己会说话。那么，什么才叫好产品呢？

（一）能为用户提供谈资的产品。传播一般都是从聊天开始，而聊天很重要的一点就是寻找谈资。如果你的产品能给别人提供谈资，就能起到自我宣传的作用。

谈资，无外乎就是提供一些别人不知道的、具有反差性的信息，特征就是新和奇。比如，"你知道吗？小米刚推出一款两面都是屏幕的手机"。

（二）有助于自我表达的产品。任何人都希望将自己的想法表达出来而对他人造成影响，如果你的产品能够主动为消费者提供这种信息，也能起到自我宣传的作用。比如，"我认为成熟的人就应该用充满商务风的华为，四平八稳的"。

（三）能拉近用户与别人关系的产品。人具有群居属性，作为群体的一部分，每个个体都希望与其他个体建立良好的关系，相互有个照应。所以，如果使用某个产品就能拉近自己与他人的关系，人们也会愿意接受，这也能进行自我宣传。比如，江小白的"友谊定制瓶"就是非常好的例子。

（四）可以展示自我形象的产品。虽说个体数与群体有差别，但个体也需要通过表达自我特征来与其他个体加以区别。所以，如果产品可以表达用户的形象特征，比如热爱阅读，也能进行自我宣传，为阅读而生的 Kindle 就是很好的例子。

（五）可以体现自我地位或身份的产品。攀比心是人性的一个方面，人们都需要将自己的某种优势展示出来得到群体的认同，保证自己的基因更有可能遗传下去。如果产品能帮助人们实现这个目的，也可进行自我宣传。

二、口碑效应传美名

迪卡侬是运动品牌中的宜家，因为迪卡侬和宜家家居的运作模式基本上差不多，不论是卖场还是产品，大部分都是自有。然而与宜家不同的是，迪卡侬几乎不怎么做广告，主要的营销模式就是口碑。那么，迪卡侬是如何凭借口碑营销成为全球知名的运动品类零售商的？

逛迪卡侬时，很多消费者都会有这种疑惑：这里到底是商场、健身房，还是游乐场？因为在这里不仅有人拖着购物筐买东西，还有人在跑步机上大汗淋漓，甚至有的小孩在嬉笑着玩皮球。这就是迪卡侬商场的常态，也是迪卡侬营销模式中最重要的一环——体验式营销。

为了做好营销，迪卡侬将商场设计成体验场所。走进迪卡侬的健身器械专区，时常可以看到消费者在跑步机上慢跑。看到这样的画面，很容易让人联想到健身房。其实，这不是健身房，而是商场。

在迪卡侬，消费者可以体验各项体育运动，如自行车、足球、篮球、乒乓球等。上海迪卡侬金桥店，即使是晚上 9 点多，依然会有很多人在打乒乓球、骑动感单车、在跑步机上跑步。

迪卡侬提供了体验的机会，即使不是来购物，在这里休闲娱乐也是很好的，因此，迪卡侬受到了众多运动爱好者和消费者的喜爱。

营销的宗旨是通过打动消费者而让企业获得盈利，对于消费者来说，如果愿意将自己对于产品或服务的经历告诉别人，一传十、十传百，就会产生巨大的力量。

移动互联网时代，消费者都很重视企业直接向他们表达意见，有些企业甚至还会花费众多资金在广告设计上。可是，有时真正能够让消费者下定决心产生消费行为的因素往往很简单：值得信赖的口碑推荐。

当面对太多产品选择的消费者不再理会传统营销方式的狂轰滥炸时，口碑宣传自然会脱颖而出。对于一个品牌来说，只有创造好口碑，才会得到长期发展。

那么，如何来打造好口碑呢？一般来说，可从以下几方面着手：

（一）在产品特色上多下功夫。营销的"4P理论"告诉我们：产品、价格、广告、促销是营销的四要素。其中，产品是最关键的一环。如果想提高消费者的口碑，就要在产品特色上多下功夫。

（二）为客户提供个性化服务。对于一个品牌来说，如果服务人员素质差、服务技能不达标，也就不会拥有好口碑。如果想让消费者口口相传，就要为消费者提供个性化服务。

（三）为品牌编个品牌故事。创立品牌，利用故事传播也是一种有效的途径。给自己的品牌编织一个美丽、传奇的故事，给消费者留下深刻的印象，口碑效应也就具备了。

（四）对老板进行偶像包装。对品牌老板进行偶像包装，有利于口碑传播，形成口碑故事。产品的影响力，不仅在于产品本身，还在于老板的个人影响。因此，如果想提高品牌口碑，老板就要将自己塑造成一个令人钦佩的偶像。

（五）打造旺盛的人气。"羊群效应"告诉我们，当人们趋之若鹜地奔向一个方向的时候，影响力也就产生了。因此，要想提高口碑效应，就要打造旺盛的人气，带动消费者消费。

（六）主动参与公益事业。常言说"做广告不如做新闻，做新闻不如做公益"，公益营销是口碑营销最好的载体，做公益事业并不需要投入众多资金，只要奉献爱心就行。

（七）积极引导消费者体验。体验消费是一种有效的营销策略，尤其是当店铺推出新的产品或服务时，让消费者进行体验营销不失为一种好方法。体验营销利用了消费者占便宜的心理，更容易与消费者进行沟通，便于消费者认可和接受；同时，打造好的经营环境、服务、产品，往往更能获得消费者的口碑传播和消费推荐。

三、小众媒体锁定人

如今，微博、微信成为新媒体营销的主力战场。特别是后来居上的微信，在腾讯逐步增强微信商业化程度的信号下，已经成为兵家的必争之地，涌现出许多出色的案例。

2012 年，褚橙创造了销售 200 吨的奇迹，之后褚时健授权电商平台本来生活网把褚橙销往全国。2013 年 10 月，本来生活网一方面联手新京报传媒拍摄 "'80 后'致敬'80 后'" 系列专题，邀请蒋方舟、赵蕊蕊等 "80 后" 名人相继讲述自己的励志故事致敬褚时健；另一方面推出个性化定制版的褚橙 "幽默问候箱"，赠送给社交媒体上的 "大 V"、各领域达人以及韩寒、流潋紫等名人，其给韩寒送了一个褚橙，箱子上印着 "复杂的世界里，一个就够了"（韩寒主办的 "一个" APP 的口号），引起微博 300 多万人次阅读，转发评论近 5000 次。

两条传播线索同时在传统媒体、视频门户、社交媒体等全媒体上进行交叉传播，"褚时健" 的励志故事引起年轻受众口碑传播，同时褚橙也被打上励志烙印，最终在消费群体中完成 "励志故事 + 橙子" 的捆绑销售，不仅创造了又一轮销售佳绩，还引得柳传志和潘石屹分别推出 "柳桃"、"潘苹果"。

移动互联网是一个大舞台，可以在这里展示自己，也可以在这里展示自己的产品、信息及服务，甚至还有可能获得来自世界各地的消费者和消费者。

当然，在移动互联网上进行销售也有一定的挑战。成千上万个商家都试图在移动互联网上推广产品和服务，今天可以用哪些小众的媒体进行营销呢？

（一）用微信平台做营销。微信活跃用户 6.5 亿，巨大的用户群体，就像一座巨大的富矿，引来众多淘金者。为了提高营销效果，完全可以将微信平台充分利用起来。

（二）用新浪微博平台做营销。虽然说如今的微博营销已经步入前几年大热，但在微博平台上，也可以使用新媒体工具和资源来扩大影响力，如微博企业自媒体和微博广告资源。

（三）用问答平台做营销。经常被用在新媒体推广的问答平台有知乎、分答、百度问答和 360 问答。其中，百度问答、360 问答被运用于网络推广已久，效果不错，值得使用；而知乎和分答出现时间虽然比较晚，但营销势能依然强大。

（四）用百科平台做营销。常用于新媒体推广的百科平台有百度百科、360 百科、互动百科。百科平台是新媒体中的"旧媒体"，但它的江湖地位依然不可撼动。

（五）用直播平台做营销。网络直播最大的特点是直观性、即时互动性、代入感强。当网络直播与移动互联网金融结合，网络直播便在信息披露、用户沟通、宣传获客等方面大展身手。

（六）用视频平台做营销。2016 年视频内容实现了前所未有的增长，但到目前为止视频内容的增长还未到达顶峰。因此，做品牌营销，完全可以将各视频平台充分利用起来。

（七）用音频平台做营销。跟过度开发的开屏（视觉）广告比较起来，音频的闭屏特点更可以有效地让品牌信息触达用户，这是音频营销的关键点。

（八）用自媒体平台做营销。自媒体平台包括 QQ 公众平台、UC 自媒体平台、简书、头条号、企鹅媒体平台、搜狐公众平台、一点号、百家号、网易号、凤凰媒体平台等。

（九）用论坛平台做营销。鉴于百度贴吧的高人气和百度作为中国最大的搜索引擎的特殊性，百度贴吧依然有一定的营销价值。此外，可以利用的论坛平台还有豆瓣、金融 & 理财论坛等。

四、软性文章细无声

说到软文，不得不提到的一个人就是史玉柱。因为他是运用软文做营销的第一人。

史玉柱的经历富于传奇性，曾经是众多年轻人敬仰的创业天才，仅靠 4000 元起家，5 年时间跻身财富榜第 8 位。他还是无数企业家引以为戒的失败典型，一夜之间负债 2.5 亿元。当所有人都以为他会一蹶不振时，却又靠脑白金东山再起，以 50 万元，在短短 3 年时间里就使脑白金年销售额超过 10 亿元，令业界称奇。

在脑白金骄人业绩的背后，软文营销功不可没。那么，史玉柱是如何利用软文来营销脑白金的呢？

脑白金上市之初，首先投放的是新闻性软文，如"人类可以长生不老吗"、"两颗生物原子弹"等。这些软文中没有被植入任何广告，只是在大肆渲染身体中一种叫作"脑白金体"的器官。人都是具有猎奇心理的，尤其是对跟自身相关的东西更加关心，带有新闻性质的软文立刻就得到了用户关注。

然而，这类软文更是像冲击波一样一篇接一篇，不断冲击着人们的眼球。在读者眼里，这些文章的权威性、真实性不容置疑。

人都是恐惧死亡的，也都渴望长生不老，在新闻频道中听到一种叫作脑白金的物质，说它可以延年益寿时，就有人坐不住了，就会问："脑白金到底是什么？"消费者的猜测和彼此之间的交流使"脑白金"的概念在大街小巷迅速流传起来，甚至对脑白金出现了一种期盼。

当通过第一阶段的软文成功引起人们的关注，让大家对脑白金充满期待后，紧接着史玉柱跟进了一系列科普性（功效）软文，比如，"1 天不大便 = 抽 3 包烟"、"人不睡觉只能活 5 天"、"女子四十，是花还是豆腐渣"……这些文章主要从睡眠不足和肠道不好两方面阐述其对人体的危害，指导人们如何克服这些危害。

这些文章没有做广告，而是用摆事实、讲道理的方式普及科普知识，告诉大家如何活得更健康、更长寿，所有文章都是用科学的方法讲道理，使大部分读者心悦诚服。

史玉柱战略性地发布软文，潜移默化地就将"脑白金"刻在消费者的脑里，使产品"脑白金"的销量年年增长。

软文是一种很重要的营销手段，其通过摆事实、讲道理的方式使消费者走进企业设定的"思维圈"，以强有力的针对性心理攻击，迅速实现产品销售。

移动互联时代，每天都要被上千条甚至上万条的信息包围，让我们感到无所适从。这时最有价值的不是信息，而是如何攻占消费者心理，要实现这一目的，必须进行广告手法的创新，软性文章便是其中之一。

五、展销会上亮力量

如今的市场竞争越来越激烈，消费者越来越理性，促销模式不断创新，消费市场也由卖方市场逐渐转变为买方市场。面对狼多肉少的市场现状，为了稳定市场份额、完成销售目标，促销活动无疑是最直接、最有效的提升销量的手段。可是，常见的促销模式又不能一成不变，因为重复的模式很难勾起消费者的消费欲望。展会作为促销模式的一种方式，具有一些独特的优势。

展会营销，通常都是将众多品类或品牌摆放到展览馆或大型场馆，将消费者需要购买的产品集中到一个场所，通过造型独特的展厅设计和新颖的产品展示，配合现场的气氛，吸引消费者产生购买欲望。

在北京饭店金色宴会大厅，五辆下线不久的北京现代汽车有限公司生产的高级轿车被分别放在五个站台上，造型豪华典雅，色彩绚丽多彩，吸引了400多位嘉宾，让北京饭店这座充满浓郁民族特色的大厅与代表当今最现代最时尚的车展达到了最完美的和谐统一。

为了让这次车展办得圆满成功，北京饭店餐饮预订部等有关部门与主办公司积极配合，不仅给消费者提供场地的相关资料和数据，还为消费者提出了许多合理化建议，让消费者享受到高效便捷的服务。

为了有效解决参展汽车开进宴会厅这一难题，北京饭店毅然拆除、改装了C座大门，虽然与车宽只相差几厘米的空间，但两座大门的拓展不仅满足了现代车展的需要，更为今后的会展市场敞开了大门。

参加展览会是企业最重要的营销方式之一，也是企业开辟新市场的首选方式。在同一时间、同一地点使某一行业中最重要的生产厂家和购买者集中到一起，厂商与几万名专业观众面对面地、有针对性地接触与交流，这种机会在其他场合是很难做到的。那么，移动互联网时代，应该如何做好展销会上的营销，让自己的品牌在展销会上出奇制胜呢？

参展商可以借助装饰、布影、照明、视听设备等展示手段，进行说明、强调和渲染。充分利用各种可能的要素，不断给观众以新鲜感，激发出好奇心，使他们对展台产生兴趣，进而产生与展览者谈话的愿望。

展台的设计不仅要强调个性，还要在空间上和气氛上方便交谈，如果能让人们在这里觉得不具特色，又仿佛宾至如归，效果就最好了。

展台要素的配套使用，要有助于增强工作人员谈话内容的说服力，能够使消费者对产品的好感在有限的时空内能够反复得到证实和加强，为展会后的联系打下基础。

集团化公司或企业间可以组团参加展览，一来可以壮大声势，扩大影响；二来也可以在展览会场上开设专馆，展示品牌。

六、实地考察见功夫

YY 食品集团公司系外商投资企业，主要生产销售蛋黄派、薯片、休闲小食品、果汁饮料、糖果 XX、果冻、雪饼等系列产品，目前已经形成了具有一千多个经销点的强大销量网络，年销售收入逾 5 亿元。

2017 年初，YY 集团公司的新产品"XX 派"出现在电视广告中。为了分析新产品的电视广告效果，集团公司委托一家市场研究公司进行电视广告效果的市场研究。

不可否认，YY 食品公司的做法是十分正确的。产品在进行营销之前，一定要做好实地考察，做好适销调研。

所谓市场营销调研就是，界定问题和机会，系统地收集、分析信息，提出行动建议。产品通过市场营销调研，可以广泛收集市场信息和资料（了解市场的手段），为营销战略决策的制定提供依据（降低风险的手段），从而能够合理估计消费者会购买什么和不购买什么。

市场营销调研虽然不是万能的，但最少可以保证市场管理人员与研究人员的决策更规范、更科学和更具结构化，能够有效改善企业的决策结果。

通过上述论证，市场调研的重要性就显而易见。兵马未动粮草先行。市场调研就是企业的"粮草"，一定要重视市场营销调研，企业更应如此。那么，该如何做好市场营销调研呢？

（一）确定自己的调研目的。市场营销调研目的是通过各种方法收集必要的资料，加以分析和整理，得出一定的结论，为企业决策者提供决策依据。

（二）确定收集资料的来源。企业可以主动寻找资料来源，资料可分为第一手资料和第二手资料：第一手资料是指为当前某种特定目标直接从调查对象那里获取的信息；第二手资料则是经过他人收集、整理且通常是已经发表过的信息，如各种公开出版物，各类咨询单位、信息公司提供的信息，企业营销信息系统内存储的各种数据。在正式的营销调研中，收集第一手资料往往必不可少，营销调研的核心之一就是如何有效地收集到必要充分且可靠的第一手资料。

（三）通过各种途径收集资料。移动互联网时代，许多传统的信息收集方法已被先进、迅速、准确、及时的电子方法所代替，新的途径也成为各种调研工具。

（四）仔细分析调研资料。收集来的信息必须经过分析和处理才能使用。企业运用市场营销分析系统中的统计方法和模型方法对收集的信息加以编辑、计算、加工、整理，经过去伪存真、删繁就简，最后用文字、图表、公式将资料中潜在的各种关系及变化趋势表达出来。

（五）提出调查结论，撰写调查报告。针对市场调研的问题，调研人员分析资料提出客观的调查结论，用调研报告的形式将市场调研结果呈现给决策者。对于商业性市场调研公司来说，调研报告也是其工作的主要结果。

七、优质服务感人心

"海尔"是一个服务品牌，海尔空调的价格和进口空调的价格持平，海尔冰箱的价格和进口冰箱价格也是持平的。海尔的产品相对而言没有价格优势。很多营销人员认为产品价格高从而导致产品销量低，这是一个营销中的错误观念。

海尔产品价格没有任何竞争优势，在质量方面做消费者调查的时候，甚至很多消费者认为春兰空调质量比海尔空调质量好，而春兰的价格比海尔低了将近两千元。那么，海尔是凭借什么来发展的呢？质量没有什么优势，功能也差不多。海尔品牌是因为它的服务好。如果产品有问题，打个电话就来维修，服务态度特别好，这就是服务品牌。

海尔通过消费者服务来打造服务品牌，而这种品牌带动了高价产品的销售，弥补了在市场当中的劣势，体现出服务竞争的优势。

"服务"这个名词由来已久，相信人们对它并不陌生。在这个充满竞争的经济社会，消费者服务越来越普遍，每个行业都有自己对消费者服务工作不同的诠释和要求。

消费者服务对于一个企业有什么意义？很多企业并没有把消费者服务放在第一位，消费者服务部门在公司不是特别受重视，只将眼睛盯在销售上，认为企业的生存要靠盈利，只有销售才能盈利。

　　美国斯坦林电讯中心董事长大卫·斯坦博格说："经营企业最便宜的方式是为消费者提供最优质的服务，而消费者的推荐会给企业带来更多的消费者，在这一点上企业根本不用花一分钱。"做广告通常能够在短时间内获取大量的消费者，产生大量购买行为。可是消费者服务不是短期的，而是长远的，优秀的企业都知道如何为本企业树立起良好的口碑。

　　良好的口碑会给企业带来更多的消费者，而这种口碑不是广告做出来的，而是通过消费者与消费者之间信息的传递带来的。这种方式是企业获利的成本最低的一种。

第五章

移动互联网时代，如何运营大单品品牌模式

第一节　移动互联网时代下，大单品才能突破市场僵局

一、僵局型市场的特征

目前，中国经济已出现了严重的产能过剩，很多行业特别是一些成熟行业，供大于求的情况越来越严重，市场竞争也变得更加激烈；同行企业太多，同质化严重，差异性小，无法在最短的时间里快速突破市场，无法找到自己的利润源。

面对新的发展趋势，"广告狂轰滥炸"或"广铺渠道"等营销手段已经慢慢失灵，企业营销必然会举步维艰。

在大众熟知的成熟快消品行业，如食品、化妆品、酒水等，产品同化、广告同化、品牌同化、促销同化、渠道同化、执行同化等情况更加严重，企业陷入市场僵局的泥潭而叫苦连连。这种市场僵局，表现在六个方面：

（一）领导品牌越来越兴旺。移动互联网时代，行业竞争格局早已定型，第一品牌方阵基本排列有序，坚如钢板。比如，化妆品行业排名前 20 的品牌，占据了行业 80% 的市场份额；方便面行业，康师傅和统一两个品牌，占有 70% 的市场份额……在成熟行业，行业巨头已经出现，强势企业呈板块状，弱势企业则零散分开，强者越强、弱者越弱。位居中间方阵中的品牌，

上面承受着市场巨头的压力，下面还受到众多小企业的不断侵扰，即使经过多年的发展，依然很难突破现有的格局。

（二）企业年销量出现滞涨。企业的年销量要么增长，要么下降，要么多年来就在一个基数上徘徊，甚至出现亏损。过去的那种行业兴旺时出现的急速猛进的局面不再出现，摆在我们面前的是，销量的不变、成本不断增加、利润变得稀薄。

（三）产品线太长，种类太多。产品种类和数量越多，产品线则拉得越长，很少有产品能在行业内占有支配性份额。即使企业有自己的主导产品，依然可能因为产品老化导致业绩不良，从而被对手蚕食逐渐衰退，不懂推陈出新，无法自救，更不能帮自己挽回颓势。

（四）开发新经销商成本越来越大。如今，开发新经销商需要付出的成本越来越大，供开辟新的分销渠道的空间也越来越小，而在老渠道层面，过去唯命是从的经销商却不再听话，越来越无法掌控了。他们沉积于抱怨之中，进货量却越来越少，提的要求也越来越过分。在局部市场上，甚至还出现了经销商自然消亡的情况，出现了大量空白市场。

（五）虽然有发展但没有竞争力。经过多年努力，有些企业发展到了一定规模，可是回头却发现，企业依然没有自己的核心竞争优势。作为行业的非领导品牌，一般企业所做的，竞争对手都已经做得非常好，而且领导品牌做得更好，销量更大。

（六）方法用尽但效果不好。如今，市场竞争越来越激烈，传统营销方法已经无法发挥过去的作用。广告投放、大力招商、渠道压货、终端促销，甚至人海战术……这些传统营销方法已经越来越不能满足当今的市场。

二、大单品为什么能够突破僵局型市场

大单品之所以能够突破僵局型市场，主要原因不外乎这样几个：

（一）能帮企业突破市场，是企业的主要利润来源。目前，许多中国企业陷入高成本陷阱无法自拔，只有开发出既能带来销量又能带来高利润的新品，才能有效缓解市场的僵局。数据显示：在世界 500 强企业中，单项产品销售额占企业总销售额比重 95% 以上的有 140 家，占 500 强总数的 28%；主导产品销售额占总销售额 70% ~ 95% 的有 194 家，占 500 强总数的 38.8%……在这里，我们所说的单项产品和主导产品就是大单品。也就是说，世界 500 强企业都是以立足主业、开发核心产品、发展战略性大单品来取得强势市场地位的。

对于众多企业来说，大单品依然是行业龙头企业销售额的最大来源。除了加多宝和六个核桃等企业，即使是产品多元化的企业，大单品也仍然是它们销售额的主要来源。比如，康师傅年销售额的 40% 都来自红烧牛肉面，娃哈哈全年销售额的 25% 都来自营养快线……而且，更为重要的是，研究还发现行业领导企业大部分利润都来自大单品。

（二）能帮僵局型企业创造新的细分市场机会。市场并不是一块坚固的铁板，即使成熟的市场，依然存在被切分的可能；即使再强大的对手，也有破绽和薄点，关键就在于能否发现突破点。也就是说，虽然大行业的机会少，但依然可以从大行业内的细分市场和细分品类中寻找机会。面对成熟市场，最好的策略就是细分。细分就是创新，只有细分，才可能打破僵局。

在如今的一些成熟市场里，一个细分品类或细分市场的战略意义比品牌更重要。细分品类与细分市场不仅能为企业指出清晰的战场，还可以依靠这个战场切开原有市场。创造大单品的本质就是，精确地洞察新的消费需求，通过品类创新或者市场细分，切分出新的市场机会和市场空间。

（三）能帮企业改变原有行业的竞争规则，抓住有利条件。行业领先品牌一般都能够利用自己的先发优势建立起有利于自己的一套行业规则。大单品运营者如果想超越领先品牌，就要用大单品的创新和突破，去破坏和改变成熟行业中领先品牌制定的行业规则和秩序，改变竞争阵地，促使其向着有利于自己的方向改变，建立起有利于行业发展的新秩序，取得属于自己的话语权。统一之所以能够突破康师傅在方便面行业的垄断地位，依靠的就是"老坛酸菜牛肉面"这个大单品，从而改变了康师傅"红烧牛肉面"制定的口味规则。

（四）能帮企业抓住行业转型出现的契机。对于一个已经成熟的市场来说，市场转型和营销方式的转型是其发展的必然。作为大单品运营者，在行业转型的过程中，不能亦步亦趋地适应行业的转型，应该超前一步，利用行业转型的契机，实现大单品的创新，努力改变甚至颠覆原有的市场格局。比如，专营店渠道出现后，国产化妆品行业从 2000 年开始就迎来了约 10 年的行业高速发展。结果到了今天，专营店供过于求，产品销售也举步维艰。

（五）能帮企业创造一种冲击力强的竞争手段。这样的不对称竞争手段，可以是具有革命性的创新产品，也可以是一种全新的营销模式。大单品突破的本质，就是集中力量打造优势产品，通过资源的集中，突破市场僵局。

第二节　大单品品牌价值系统规划

一、为战略单品的创新构建一套商业模式

发现一个市场机会，不易；创造一个战略单品，更不易。因此，必须在新品类刚刚出现的时候，就为品牌规划一套商业模式，让战略单品拥有一套不可复制的价值网，就必须将战略单品创新与商业模式有效结合在一起，为战略单品构建一套商业模式，为新消费需求结构构建一套价值保护网。

规划品牌商业模式，就要以创新的战略单品为关键，从关键业务需要出发，构建起合作伙伴网络。同时，在关键业务的持续运作过程中，制定品牌战略。具备了战略的品牌，也就拥有了难以模仿的保护网，有了抵御竞争的防火墙。

战略控制手段，可以是领袖地位、核心技术、稀缺资源控制权等。比如，微软的技术开发优势、高通的核心技术优势、可口可乐的配方和价值链控制优势、国美的渠道规模优势、耐克的品牌资源和设计优势、茅台的稀缺资源优势……这些都是企业建立的战略控制手段。

一个品牌或战略单品，从诞生之日开始，就应该为它制定一个最终目标，这个目标就是建立起企业拥有的战略控制手段。那么，如何才能建立起战略控制手段呢？那就是为战略单品构建一套商业模式。

移动互联网时代，一个战略单品或新品牌，都可以通过三个方面去制定

最终目标、建立品牌的战略控制手段。

（一）大规模的品类市场，专注为王。企业要采用市场运作优先于品牌塑造的思路，利用"产品创新、渠道拦截、终端垄断"等综合性手段，将自己的主要力量都集中在专注、持续地提升战略单品与渠道上，做到市场份额的绝对第一。战略单品市场份额的绝对第一，就是品牌的战略控制手段。比如，雪花啤酒、联想电脑、王老吉凉茶、六个核桃、可口可乐、格兰仕等都是专注在大品类市场，以战略单品市场份额为核心目标，最后成就品牌的市场地位的。

（二）中等规模品类市场，价值为王。利用价值最大化的定位，采取品牌塑造优于市场渠道的运作思路，利用高价值战略单品占领品类里最具价值的消费者、最具价值的渠道或市场份额。比如，中高端白酒、葡萄酒、包装茶叶、烟草等产品，都具有一定的稀缺性，企业营销的核心就是品牌和产品，是高质高价，而不仅仅是渠道和市场覆盖。

（三）小规模、时潮性品类市场，快进快出。对于稍纵即逝的品类创新市场以及消费泡沫式的品类创新市场，最佳策略是利用价格战、促销战快速解决。比如，保健品就是时潮性品类，赚快钱，所以不适合培养长线品牌。

总之，在创造战略单品后，企业的企图和战略目标就要与品类规模的大小和稳定性有效结合起来。大规模品类市场，最好采用品种、市场份额第一的战略；中等规模品类市场，可以采用优质化、高价值战略单品战略；而小规模时潮性品牌市场则可以采用竞争性销售战略。

二、为战略单品创造一个品类概念

市场机会，衍生出战略单品创新；战略单品创新，需要一个品类概念来指代。在品牌运作过程中，品类概念发挥着重要的作用。

新品类代表着一种新生事物的诞生，代表着社会关注热点，代表着可以成为别人的一个口头话题，可以快速吸引消费者的眼球，快速进入消费者心智。实现了品类创新，也就为新品类创造一个合适的品类概念，这是品牌价值系统规划的重要一步。

在消费者心智中，一共有两个空间：一个空间放产品品类，另一个空间放品牌名。消费者购买商品的时候，一般都是先考虑品类，后考虑品牌。当品类名和品牌名被联合在一起的时候，品牌也就具备了强大的竞争力。比如，奔驰和称为"豪华轿车"的品类锁定在一起；沃尔沃和称为"安全轿车"的品类锁定在一起；脉动和称为"运动饮料"的品类锁定在一起……

每个代表新品类的新产品都需要起两个名字：一个是品类名，另一个是品牌名。先有品类名，后有品牌名。而且，品类名比品牌名更重要。如果无法用简洁的语言对这个新品类重新定义，这个新品类就不可能获得长远发展。

移动互联网时代，为新品类取名，首先，要使用一个通用名，代表一个行业或产品类别；其次，要体现一个概念或行业；最后，要尽可能地用简单的方式表达出新品类所代表的行业。比如，红牛是含有微量二氧化碳和高浓度咖啡因的混合物，品类名为"能量饮料"，不仅简洁，而且能让消费者立刻联想到一种与其他饮料不同的新饮料类别。

泰昌的洗脚盆，类别名就是"养生足浴盆"。

渔禾岛的煲汤紫菜，类别名就是"即食紫菜"。

361°的时尚类运动鞋服，类别名就是"运动武装"。

蒙牛在牛奶里加入一些菌类，从纯牛奶变成酸牛奶，类别名就是"酸酸乳"。

……

中国人做事讲究"精、气、神"，其中"神"是最关键的地方。为什么画龙要点睛？因为"睛"就是"神"。做品类，同样如此。

品类概念就是品类的"神"。如果你给消费者讲你的产品的原料、工艺、外形、口味、质量……消费者会花费时间听你的？能记住那么多？不能。你还不如直接告诉消费者，这是"运动饮料"、"能补充你运动后流失的18种营养素"……这就是品类概念。不能用简短的话表达清楚产品的特征，就是没有提炼出好的品类概念，你的品类就缺"神"。

三、一实一虚的品牌价值主张

众所周知，李宁品牌的价值主张是"为年轻消费群体的梦想创造无限可能"，广告语是"一切皆有可能"。耐克品牌的价值主张是"激励充满激情的人时刻进取"，广告语是"JUST DO IT"……

市场竞争分为两个层次：第一个层次是产品的竞争，包括产品的性能、包装、价格等，是产品物质及技术层面的竞争；第二个层次是品牌的竞争，包括消费者的心理感受、明确的附加值等，是品牌精神及心理层面的竞争。

产品，提供给消费者的是功能上的有用性，可以满足消费者对功能上的需求。

品牌，代表着一种价值和感受，传递的是一种属于本品牌特有的情绪和感觉。而产生这种价值和感受的元素是使用经验、价格、外观、感官享受、直觉联想、广告说服艺术等。

品牌价值主张，指基于企业的产品或服务，不仅能提供给消费者功能性利益，还包括品牌对社会、对人的态度和观点等。

品牌的核心价值主张分为一实一虚两个部分。所谓"实"，是指产品的物质利益点；所谓"虚"，是指品牌的精神利益点和表现型价值。在实际的品牌规划中，对于品牌一实一虚的核心价值主张，什么时候该"务实"，什么时候该"务虚"呢？

在战略单品初创及战略单品爆发前，战略单品的一个重要特征就是具备功能性价值。物质层面的利益总能在消费者与产品接触时发生较强的销售促进作用，因此，品牌与品质的关联更为贴近。

移动互联网时代，品牌价值主张要更多地与战略单品核心卖点相关。战略单品核心卖点既是产品核心价值的外在表现，也是传递给消费者的最重要的产品信息。品牌价值主张最好以采取控制物质层面的心智资源为主，精神层面的心智资源可以作为品牌的基础。比如，飘柔的价值主张是"使头发柔顺"，海飞丝是"去屑"，而乐百氏的"27层净化"、农夫山泉的"有点甜"等则更经典。

当品牌成为品类代表后，品类独特概念的效用就会渐渐地消失，品牌精神会越来越重要。这时，把品牌做到人们心底，渗透到消费者内心世界，比产品物质利益更重要。而品牌则更多地指向品牌对社会和对人的情感、态度、观点和价值观。

第三节　大单品品牌要素系统规划

一、起一个好名字

产品取名就是给商品选择适当的词或文字，品牌名称是引起消费者心理活动的刺激要素，基本心理功能是帮助消费者识别和记忆商品。好的品牌名称和坏的品牌名称，会给消费者的视觉刺激感受程度和心理带来较大差别的联想，对生产企业的认知感自然也就不一样。品牌名称是品牌形象设计的主题和灵魂，与产品营销等方面有着密切的关系。

移动互联网时代，很多营销人员常常会忽略了品牌名称的重要性，认为"真正有价值的是产品本身，以及该产品为消费者提供的利益"。产品的重要性不言而喻，但是与品牌名比较起来，产品就没有那么重要了。从发展角度来说，一个品牌首先需要考虑的是名字。

在短期内，一个品牌需要一个赖以生存的独特的品类概念或产品；但从长远来说，这种独特的品类概念或产品会逐渐失去魅力，品牌名称、竞争对手的品牌名称、品牌名称的附加价值，则会更加凸显出彼此的区别。所以，在打造品牌时，最重要的品牌决策就是给你的产品或服务取一个好名字。

为品牌取名，最重要的是强调品牌给消费者带来的感觉和差异性。

功效性品牌，以产品的某一功能效果作为品牌命名的依据，比如，美加净（香皂）、舒肤佳（香皂）、汰渍（洗衣粉）等。

情感性品牌，以产品带给消费者的精神感受作为品牌命名的依据，比如，百威（啤酒）、家乐氏（食品）、七喜（饮料）等。

二、提炼精辟的战略单品广告语

在塑造品牌时，重点考虑的问题是：给战略单品一个准确的概括，给品牌一个简练的表达，给自己一个鲜明的口号，给品牌配一句震撼人心的宣传语，给自己一个鲜明的个性……同样的战略单品创新，广告语好，就可以一句话讲清产品的特征和优势；广告语不好，50 句也不见得能够讲清。

一句精辟的广告语，可以直达消费者心灵最深处，激发起他们购买的欲望。记住，广告焦点只有一个，瞄准一个目标，实现的可能性才越大；游离于几个目标之间，可能一个也实现不了。那么，新战略单品广告语的焦点在哪？新战略单品广告语的焦点，就是找到与老品类相反或者不同的地方。

要设法迫使新品类尽可能地与旧品类相反或不同。每个新品类都是通过对旧品类进行定位而进入消费者记忆的。

汽车的旧品类是马车。

运动饮料的旧品类是传统饮料。

运动型地板的旧品类是传统地板。

户外休闲服的旧品类是传统休闲服。

……

真正找到旧品类，找到营销攻击的对象，就有了鲜明表现自己战略单品新卖点的机会。与旧品类比较时，就在告诉消费者，你是完全不同的、是年轻的、是具有创造性的……只要满足了消费者没有被满足的需求，他们就会对你念念不忘。

新品类的领导品牌卖的是新品类的基本属性，要跟旧品类不一样，比如，牧高笛户外休闲服，只要卖"防水"等功能即可。

新品类的第二品牌要跟第一品牌不一样。如果有人也想做户外休闲服，就不能再走牧高笛的老路，再"防水"可能也于事无补。

所以，制定的广告语要有针对性，要单一、精准、有力量。用十个指头打人，不如用一个拳头打人，在提炼核心广告语时，千万不能贪多求全，单一卖点最有力量。

三、策划易识别的品牌符号

以前为了区分不同部落之间的财产，西方游牧部落就会在马背上打上烙印，表明马的所有权，同时，还会附有各部落的标记，这就是最初的品牌标记。同样，我们也可以建立一个品牌符号，为品牌建立深刻的品牌烙印。

移动互联网时代，消费者每天要面对数以万计的广告和信息，与过去相比，现在的一则品牌广告效果已经被稀释了很多倍。在广告被无限稀释的市场中，一个品牌的力量非常有限，企业没法通过品牌广告的无限重复来增加效果。那么，如何才能让有限的品牌资源产生无限的效果呢？如何才能做到"花小钱，办大事"呢？

这是一个简化认知的时代。品牌符号化最大的贡献是能帮助消费者简化他们对品牌的判断，将品牌想表达的无数的信息用一个符号全部表达出来。消费者只要看到这个符号，就会联想想到该品牌，并联想到品牌背后的内涵。这一点，是企业最节省沟通成本的做法。

对于一个战略单品，一个品牌，符号的力量更强大。通过视觉、语言、颜色等各种各样的方式跟消费者从符号层面上进行认真的沟通，就能更好地宣传品牌。

米其林发现，堆积起来的轮胎很像人，于是就创造出了一个活泼、圆胖的形象，请画家把这些想法画成草图，然后重新修改成巨人的形象。今天，米其林男子成为世界历史上最悠久和最为人熟悉的商标之一，代表米其林出现在 150 个国家中。

20 世纪 90 年代，红河烟厂"万流奔腾，红河雄风"的户外广告牌首开烟草品牌符号传播的先河。或许中国没有哪一家企业，像红河卷烟厂能够充分运用"牛"这个整合营销传播点，而且连续运用了多年。在品牌打造的过程中，红河不但贡献了中国烟草业打造品牌符号的这一思路，还表现出了这个符号的坚持和韧劲。这就是红河的"品牌操守"。

之所以说"操守"，是因为对于品牌符号的坚持，无论从中国的烟草品牌，还是从其他行业的品牌来看，都是非常少见的。相对于那些品牌战略缺失、品牌形象模糊的企业来讲，"红河"在传达品牌精神上的坚持与韧劲，在传播品牌形象的统一性和连续性上，更值得我们借鉴和学习。

四、制作概念清晰的战略单品主画面

战略单品不能悄无声息地出现在市场及消费者面前，需要借助广告来介绍和宣扬，如此才能让消费者知道你的身份，才能引来更多的消费者。

在广告方面，除了 TVC 外，最重要的就是战略单品的平面主画面。一张概念清晰的战略单品主画面，可以把一个战略单品的精髓、卖点、诉求、承诺和气质深深地刻在消费者头脑中。那么，如何判断战略单品的主画面是否概念清晰呢？第一，要让消费者记住品牌名；第二，让消费者记住品牌所定位的品类概念与战略单品；第三，对战略单品产生画面感，对品牌一见倾心。

战略单品主画面不具冲击力，就像是没有乐器的歌手、没有拉拉队喝彩声的球赛，根本就无法有效地调动起观众的情绪和参与度。不要让消费者对你熟视无睹，消费者的眼睛已经异常疲劳，需要新鲜的刺激，他们的大脑已经被繁杂的生活和工作占据，要多给他们一些惊喜，而不是乏味的广告。

六个核桃的"常用脑，多喝六个核桃"的主画面。

泰昌足浴盆的"为天下父母洗脚"的主画面。

真功夫快餐连锁的"营养还是蒸的好"的主画面。

……

这些都是经典的案例。

五、可以区隔品类的战略单品包装

老话说得好"货卖一张皮"。大多数人给包装下的定义太狭窄，只是简单地把它看成是产品外面裹着的东西，然而包装的定义远非如此。

战略单品不能默默无闻地躺在货架上。在货架里，应该选择更好的包装，使产品更具特点。战略单品的包装就是一个无声的广告，更是一个区隔不同品类的工具。

一款好的包装，有时候应该和其他品牌做得一样，有时候则要做得不同。

如果你想成为既有品类的第二品牌时，你的包装（颜色除外）应该参照领导者，因为标准是由领导者制定的。只有跟它类似，才能表明你属于这个品类，而不是其他品类。比如，百事可乐的包装和规格基本上与可口可乐一样，仅仅颜色不同。

如果你想创建新品类，就要做得和原品类不一样。作为新品类，红牛创建了能量饮料。能量饮料是从传统饮料中分化出来的，红牛要体现自己是另个品类，就必须在包装上体现出与传统可口可乐的包装不同，于是红牛推出了更小的包装，因为更小的包装比大包装预示着更大的力量和能量。

包装不是容器，是品牌，是产品，在打造品类时，包装要有区隔品类的功能。

首先，包装与广告一起建设和维护一个品类的特色，主要包括包装的形状、材质、颜色和有限的品牌视觉元素。能否在全国范围迅速占领一种形状、颜色和品牌视觉要素，直接关系着品牌传播是否到位，品牌与产品的关联是否准确。

其次，包装承担着传播产品属性的理性诉求任务。

最后，包装要具备排除外界干扰的能力。具备这种能力的方法之一就是包装符号化。一个容易识别的符号，一个大的、特别的色块能够帮包装实现区隔功能。比如，洋河蓝色经典的蓝，金泰昌足浴盆包装的金，狂神体育用品包装的火红……

一个产品与竞争对手的产品放在一起的视觉效果是不同的，当包装设计大体完成时，最好制作多个不同的外观，对它们在展示架上的视觉效果进行比较。另外，还要记住，在电视广告中，更要注意展示包装。

六、有冲击力的战略单品包装

当企业要投放电视广告时，也就意味着企业要大干一场了。这时，战略单品TVC（商业电视广告）的创意和制作质量就成了品牌成功的关键。具备冲击力的战略单品TVC，值得企业主和咨询公司花费时间去精心打造。

影视广告是品牌整合营销传播中重要的一项工作，传播力强，投入大，但其本质就是，表现战略单品的核心概念，体现品牌的核心价值。

为了考验一条 TVC 是否有冲击力，通常可以执行以下三个标准：

（一）消费者能否记住品牌名。TVC 一般只有 5 ~ 30 秒，使用最多的是 5 ~ 15 秒版本。时间如此短，考验着消费者的记忆力。在短短的几秒钟内，消费者很难记住品牌名字，这时候，最好在 30 秒电视广告内提及 3 次以上品牌名字；15 秒电视广告内提 2 次以上品牌会比较好。如果有旁白，最好加上字幕；另外，声音要大，虽然不能将人吓着，但也不能让人听不到。

（二）消费者能否记住战略单品诉求或广告语。一条广告片对消费者说话的时间有多少？30 秒？15 秒？5 秒？正常情况下，人眼看清楚一幅画面需要 2 秒以上的时间，而从语言来分析，30 秒只能说清楚 65 个字。在 30 秒，甚至 15 秒，甚至更短的时间里，要让消费者完整准确地接收到广告，内容与方式就必须精练一些。

任何企业都无法在 15 秒的时间里就将产品的所有功能都传达给消费者，一厢情愿地将多个想法都放进去，或者让消费者记住你的多个特征，只会减弱你在消费者心中的印象。单一、尖锐，才更有力量。有时说得越多，深耕在消费者记忆中的内容就越少；一次说透一件事情、一个道理，往往效果会更好。信息精练，是保证消费者记住战略单品诉求的关键。

（三）能否给消费者留下记忆点。一条电视广告是否成功，标准就是消费者能否记住 TVC 中的一个点。这个点有可能是一个故事情节、一句话、一个视觉印象，甚至还有可能是一个符号、一个卖点……总之，不管这个点是什么，一条 TVC 一定要创造一个记忆点。

七、坚持一条传播主线

移动互联网时代，一个品牌如何才能打动消费者？方法有三：第一，为品牌塑造一个特定的品牌情感，使消费者在使用产品时获得心理满足；第二，为品牌寻找一个感性（视觉或听觉）符号，使之与品牌一一对应；第三，抢占一种品牌活动，为品牌锁定一条传播运动的主线，长期坚持，使这种运动成为品牌的名片之一。

成功品牌一般都能为品牌持续锁定一条传播运动的主线，使之成为品牌的名片。比如，万宝路一直赞助一级方程式；"555"牌香烟一直与国际汽车大赛和拉力赛联系在一起……红河香烟品牌就是以体育为媒介，走出了一条体育传播的营销之路。

2000 年红河冠名红河汽车拉力队，与中国汽车运动联合会及上海国际赛车场签约，成为中国赛车运动战略合作伙伴，将代表红河奔腾文化的赛车运动和品牌精神很好地结合在了一起。

红河的体育营销之所以能够取得成功，首先就在于找到了一个与其品牌核心高度吻合的运动——赛车。红河的品牌核心"刚毅、永远向前、现代男人魅力"与赛车"刺激、惊心动魄、男人的梦想、现代感"的体育内涵互相契合。所以，赛车运动一进入中国，红河就慧眼识珠地看到了赛车运动对红河品牌核心的演绎价值，介入品牌，长期坚持投入。其冠名运作的红河雄风车队在赛场上的优秀表现，以及在与目标消费群的深度沟通和借助宣传方面的整合，让红河的体育营销真正提升了品牌、拉动了销售。

第四节　大单品策略的四大误区

一、大单品"好得很"或是"糟得很"

大单品策略刚刚成型的时候，营销界纷纷表示"好得很"。2013 年，《统一方便面年中财报》显示，企业在销售量增长 10% 以上的前提下，结束了 2012 年的盈利局面，出现了 6000 多万元的亏损。舆论哗然，大单品策略又成了"糟得很"。

大单品策略难道真的是两个极端吗？非也。必须用辩证的观点来看待大单品策略。

首先，大单品也是产品，符合产品生命周期理论，需要经历导入、增长、成熟、衰退等一系列过程。任何大单品都不会持续成长、源源不断，而是导入新的、升级的大单品，创造新的增长点。娃哈哈的"AD 钙奶"是其的首个大单品，曾经辉煌发展 20 多年，但最终还是主动开创了新的"爽歪歪"大单品时代。

其次，大单品的成功绝大多数都是品类创新的成功，而品类的市场容量必然有天花板。统一的老坛酸菜牛肉面开创了酸菜口味品类的成功，加多宝的王老吉开创了凉茶品类的成功，养元的六个核桃开创了益智健脑植物蛋白饮料的成功……

新品类上市之初，企业销量的增长都是来自尝新消费者的增加，但随着口味、功能等边际效用的递减，新品类必然面临市场容量的边界。作为占有新品类垄断地位的领先企业，首当其冲必然要出现销量增长放缓甚至停滞、市场投入加大甚至亏损。

所以，统一老坛酸菜牛肉面增速放缓、出现亏损是正常的，达利园蛋黄派、盼盼法式小面包市场份额下滑也是发展的必然。唯一的解决方式就是，有节奏、主动地开发、培育、推广新品类下新的大单品。

二、无差别、全频道地使用大单品策略

面对可口可乐大单品的王者之气，看到王老吉红罐凉茶大单品的成功，很多人都认为，商品成功的秘诀就是将自己的身家性命都"押宝"到一个商品上。

从一个极端跳出来，很容易跳向另一个极端。秉承非此即彼的思维模式，很容易将商品的成功与否跟"多品"和"单品"扯上因果关系。具体来说，企业选择何种模式应该根据商品本身的消费者购买行为特征来决定。

对于消费者购买时高度介入的奢侈品和耐用品，可以使用多品种战略；对于消费者购买时低度介入的选购品和必需品，可以使用大单品战略。

比如，女装是无法做大单品概念的，极少有女装品牌能突破5%的市场份额，为什么？因为女装需求本身就是个性化的，如果哪个品牌超越了5%的市场份额，撞衫的概率就增高了。所以，这类商品必须是多品的，采用单品做法，只能走向行业本质的反面。

在电器行业、汽车行业、IT行业，如果没有个性化的甚至定制款的丰富的产品体系，靠单一的大单品来与竞争者抢夺市场是不可行的。比如，大众辉腾，可以根据消费者的定制菜单做出上千种改变；立邦漆，建立了消费者

调色中心，让消费者自行选择和调制心仪的颜色……但对于像食品、饮料、洗化用品类的产品，只有走大单品策略，才能树立清晰、简洁的产品特点和品牌形象。

在物质相对匮乏的年代，食品饮料的多品战略，对消费者更具吸引力。然而处于超市货架时代，在消费者对琳琅满目的商品无所适从的时候，就要明白大单品的意义。消费者看花了眼，怎么办？干脆买个最容易识别的，大家经常买的那个商品，总归不会错，既节约时间，又降低了决策风险。

所以，大单品取得成功的行业一般都是饮料、牛奶、方便面、白酒、啤酒等快速消费品行业，而奉行"长尾理论"策略的行业，则都是如3M公司等耐用消费品公司。

三、大单品困境

实施大单品策略取得成功的企业，一般都会遇到发展的困境，原因就在于大单品发展不够、没有形成大单品群。

企业通过大单品取得突破，获得了品类代言人的品牌形象和垄断性的市场份额后，都会遇到增长放缓、利润下滑的困境。这时候，就要进行品种丰富。

（一）系列丰富，要形成围绕主导单品的多价格带、多规格、多包装的产品群。

（二）大单品群丰富，要围绕企业主业进行多品类创新和拓展，形成相关品类的大单品群。

进行品类创新的企业，一旦推出具有全新价值和外观的大单品，企业就会迅速成长、效益就会非常好。凡是大单品策略遇到了困难和瓶颈，都会出现问题。

　　只有一个大单品的加多宝、养元六个核桃、统一老坛酸菜最先遇到问题，接着拥有一个大单品群的郎酒红花郎、可口可乐等面临困境，能笑到最后的，还是拥有不同品类大单品群的企业——拥有"爽歪歪钙奶"、"营养快线果奶"、"脉动功能水"、"娃哈哈纯净水"、"娃哈哈茶饮料"、"格瓦斯"等的娃哈哈集团，拥有"达利园"蛋黄派、"和其正"凉茶、"好吃点"饼干、"可比克"薯片的达利集团。

四、大单品是偶然发现的，创新全凭运气

　　爱迪生曾说："发明是99%的汗水加上1%的灵感。"大单品的成功也是如此。

　　成功必有方法，创新定有途径。综观不同行业和企业品类创新背景下成功的大单品，可以梳理出以下路径和方法：

　　（一）寻找对立面，就是从品牌的对立面入手。养生堂的大单品"农夫山泉"之所以能从娃哈哈、乐百氏等饮用水巨头当中脱颖而出，就是从"纯净水"的对立面切入，找到了"大自然的搬运工"的天然水，成为矿泉水品类的代言人。

　　（二）将地域特色上升为全国产品。凉茶是广东传统的凉茶铺的即售即饮降火饮料，但通过加多宝在非文化区域——浙江市场的推广，成为生活环境相同的浙江人的时尚，最后通过一系列事件营销推广活动，加多宝把一个极具地域特色的凉茶做成了仅次于可口可乐的大单品，成为凉茶的杰出代表。

　　同理，老坛酸菜牛肉面本来是统一方便面四川地区的一个特色口味，但统一公司经过调研，证明地域特色的酸菜口味完全可以适应全国市场；最终

凤凰涅槃，获得重生，老坛酸菜口味也成了方便面行业仅次于牛肉口味方便面的第二大单品。

（三）在传统文化里主动挖掘。康师傅虽然不是茶饮料的发明者和先行者，但是康师傅的绿茶和冰红茶却是不折不扣茶饮料中的大单品。因为在茶饮料的始创者"旭日升"推广新品之初，康师傅就敏锐地发现了其中蕴藏的中国传统文化资源。于是，康师傅一方面在口味、品质研发上迅速研发，另一方面利用自己的销售网络进行推广，最终形成了茶饮料大单品的领导者地位。

养元六个核桃在传统"以形补形"养生文化里挖掘出了核桃的益智资源，加上"六个核桃"副品牌的定性传播，很快得到了超过 50 亿元销售额，垄断核桃类植物蛋白饮料的大单品成功。

（四）引进国外特色，多学习。娃哈哈的"格瓦斯"和光明乳业的"莫斯利安"，一个是从俄罗斯引进的传统饮料，另一个是从保加利亚长寿村和酸奶之乡导入的。异国风情和神奇传说都是传播的最好噱头，消费者的好奇心和尝鲜感被勾起来了，大单品的成功自然指日可待。

参考文献

［1］［美］科特勒，［德］弗活德．要素品牌战略：B2B2C 的差异化竞争之道［M］．李戎译．上海：复旦大学出版社，2010．

［2］［美］艾·里斯，劳拉·里斯．定位经典丛书：品牌 22 律［M］．寿雯译．北京：机械工业出版社，2013．

［3］蒋晓东，宋永军．创品牌：移动互联网时代的品牌转型、打造与传播［M］．北京：机械工业出版社，2016．

［4］杜云生．如何打造第一品牌［M］．广东：南方日报出版社，2010．

［5］丹妮斯·李·约恩．大牌：打造伟大品牌的 7 条原则［M］．陈薇薇译．北京：电子工业出版社，2015．